THILO ESSER

Werkbuch Kindertaufe

THILO ESSER

Werkbuch Kindertaufe

HERDER

FREIBURG · BASEL · WIEN

»Es ist schön, ein Christ zu sein«

Papst Benedikt XVI.

während des XX. Weltjugendtages 2005 in Köln

www.herder.de

Mit Illustrationen von Bernadette Trost, Freiburg

Die Bibeltexte sind entnommen aus:

Einheitsübersetzung der Heiligen Schrift

Umschlaggestaltung: Finken & Bumiller

Herstellung: fgb · freiburger graphische betriebe

www.fgb.de

Gedruckt auf umweltfreundlichem,

chlorfrei gebleichtem Papier

ISBN-13: 978-3-451-28961-3

ISBN-10: 3-451-28961-X

INHALT

1 ZUR EINFÜHRUNG

2 DIE ERSTEN SCHRITTE

3 LITURGISCHE FEIERN IM LAUFE DER VORBEREITUNG

4 TAUFGOTTESDIENSTE

6 WEITERE GESTALTUNGSBAUSTEINE

1 ZUR EINFÜHRUNG

Heute Kinder taufen

Die Zahlen der Taufen in den Gemeinden sind rückläufig. Das mag sicherlich vor allem an der niedrigen Geburtenzahl liegen. Doch gibt es immer mehr Eltern, die ihre Kinder nicht taufen lassen. Das muss nicht unbedingt ein Zeichen von bewusster Ablehnung sein; schließlich sind viele Eltern nicht getaufter Kinder weiterhin Kirchenmitglieder.

Die Gründe sind vielschichtig. Grundlegend ist ein Wandel im Bewusstsein, dass die Taufe des Kindes unbedingt heilsnotwendig ist. Was noch bis in die 70er Jahre des 20. Jahrhunderts bewirkte, dass Neugeborene bereits in der Kapelle der Entbindungsklinik getauft wurden, ist heute kein Argument mehr. Ganz im Gegenteil ist immer häufiger zu hören, das Kind solle nicht bereits im Säuglings- und Kleinkindalter getauft werden, damit es sich einmal selbst für oder gegen die Taufe entscheiden könne. Selbstverständlich hat dieser Gedanke etwas für sich. Einzuwenden ist jedoch, ob ein Kind zu einer tragfähigen Entscheidung befähigt wird, wenn ihm die Erfahrung von Glaubensgemeinschaft, Katechese, Gebet usw. vorenthalten wird.

Da es immer weniger selbstverständlich ist, der Kirche anzugehören und dafür Sorge zu tragen, dass die eigenen Kinder in die Kirche aufgenommen werden, ist ein Umdenken der Pastoral erforderlich. Im Jahr 2000 veröffentlichte die Deutsche Bischofskonferenz die Schrift »›Zeit zur Aussaat‹. Missionarisch Kirche sein«[1]. Sie nimmt die veränderte gesellschaftliche und pastorale Lage ernst und legt das apostolische Schreiben »Evangelii Nuntiandi« von 1975[2] für die Gegenwart aus.

Wohl zu den wichtigsten Merkmalen einer zeitgemäßen (Erst-)Verkündigung gehört es, zu berücksichtigen, dass die Glaubensweitergabe nicht mehr selbstverständlich geschieht. Das mag zum Teil an der veränderten Familiensituation liegen, die nicht so stark auf Kontinuitäten basiert wie noch vor wenigen Jahrzehnten.[3] So ist zu fragen, an welchen Stellen Schritte in Richtung Erstverkündigung geschehen können.

Mut macht, dass Eltern den Schritt zur Taufe ihrer Kinder wagen, wenn diese schon größer sind. Im Jahre 2003 waren im Bistum Essen 18 % aller Taufen keine Säuglingstaufen. Dieser prozentuale Anteil hat sich in den letzten 15 Jahren verdoppelt. Um dieser pastoralen Realität zu begegnen, ist ein Umdenken auch in der Katechese nötig.

»Geht hinaus in die Welt« – Gottes Wort verkündigen

Der Begriff »Mission« ist oft negativ besetzt. Er erinnert an die Fehler vergangener Jahrhunderte, in denen Menschen in das Christentum gedrängt worden sind. Ursprünglich bedeutet Mission aber etwas völlig anderes. Mission ist Sendung (so ist die recht genaue Übersetzung des lateinischen Fremdwortes) in die Welt. Der, der aussendet, ist Jesus Christus, in dessen Nachfolge alle Christinnen und Christen gerufen sind. Der Glaube ist zugleich Gottes Geschenk an den Menschen und Aufgabe, in der Welt christlich zu leben. »Die Welt in Gott gestalten und verändern«[4] – das ist die Aufgabe der Gläubigen, die die Sendung Jesu Christi aufnehmen und weitertragen.

Konkret bedeutet das, dass Christinnen und Christen ihren Glauben nicht zu verstecken brauchen. Schließlich ist das Evangelium Christi die Frohe Botschaft. Sie soll auch andere Menschen froh machen, und das kann gelingen, wenn andere von ihr erfahren. Das kann in privaten Bezügen geschehen, wenn Christinnen und Christen im Kollegen- und Freundeskreis von ihrem Glauben erzählen. Das kann aber auch geschehen, wenn Kinder und Eltern in der katholischen Kindertagesstätte davon hören. Das kann geschehen, wenn ein nicht getauftes Kind in der Schule Interesse am Religionsunterricht bekommt. Hier aufmerksam zu sein lohnt! Aufmerksamkeit kann vor allem in diesen Bereichen sinnvoll sein:

- Gemeindemitglieder besuchen neu Zugezogene. Sie informieren auch darüber, dass nicht getaufte Kinder in der Gemeinde auf die Taufe vorbereitet und getauft werden können.
- Die Gemeinde gratuliert zur Geburt jedes Kindes im Pfarrgebiet. Bei der Gratulation kann ein Hinweis auf die Möglichkeit der Taufe gemacht werden.
- In den Kindergärten wird in der Regel auch nach der Religionszugehörigkeit des Kindes gefragt. Sollte das Kind keiner Religion angehören, verweist das Kindergartenteam auf die Möglichkeit der Vorbereitung auf die Taufe, die auch in der Kindertageseinrichtung stattfinden kann. Oft lohnt es sich, Familien von nicht getauften Kindergartenkindern konkret anzusprechen.
- Durch eine sensible Öffentlichkeitsarbeit wirkt die Gemeinde dem oft anzutreffenden Vorurteil entgegen, dass

es peinlich ist, wenn jemand jenseits des Säuglingsalters getauft wird.

Erste Schritte im Hinblick auf eine im positiven Sinne *missionarische* und *apostolische* Arbeit der Kirche verweisen darauf, was Glauben wirklich heißt: ihn zu leben und das nicht allein für sich zu tun. Im Hirtenwort, das die Deutsche Bischofskonferenz bei ihrer Herbstvollversammlung im Jahr 2004 beschlossen hat, heißt es: »Wir schulden der Welt die Botschaft vom Reich Gottes!«[5] Das sind sehr deutliche Worte. Der Auftrag Jesu an seine Jünger, die Botschaft weiterzusagen, gilt auch noch heute – für jede Christin und jeden Christen. Das kann selbstbewusst machen. Christin und Christ zu sein ist nicht peinlich und erst recht nichts, wofür man sich entschuldigen müsste! Ganz im Gegenteil kann das Bewusstsein helfen, etwas Gutes – nämlich die Sache Jesu – weiterzusagen.

Taufe und Taufpastoral als Gemeindegeschehen begreifen

Die Taufe ist auch die Aufnahme in die Gemeinde. Wie können das Familien erfahren, wenn sie der Gemeinde nicht begegnen? Taufen fallen im Gemeindeleben in den meisten Fällen nicht auf. Dies mag daran liegen, dass die meisten Taufen nicht in den regulären Gemeindegottesdiensten stattfinden. Dies entspricht oft praktischen Erwägungen und dem Wunsch der Eltern, deren Kind getauft wird. Dennoch gibt es die Möglichkeit, in der Gemeindemesse (Familienmesse) die Taufe zu spenden.

Für eine Taufe im Gemeindegottesdienst spricht:

- Das neue Gemeindemitglied wird auch sichtbar in die Gemeinde aufgenommen. Die Gottesdienstgemeinde wird als mitfeiernd erlebbar. Es besteht die Möglichkeit, den neu getauften Menschen willkommen zu heißen.
- Das Sakrament der Taufe wird der Gemeinde stärker bewusst. Im Gottesdienst kann das Taufgedächtnis aller Mitfeiernden integriert werden.
- Es besteht Gelegenheit zur Begegnung mit Menschen, die für ihr Kind entschieden haben, dass es zur Kirche gehören soll. Dies ist ein Anlass zur Freude, der auch durch äußere Zeichen (z. B. ein Geschenk) nachvollzogen werden kann.

Gegen eine Taufe im Gemeindegottesdienst spricht:

- Gerade wenn die Familie des Kindes, das getauft werden soll, nicht durch regelmäßige Mitfeier der Gottesdienste mit der Liturgie vertraut ist, kann für sie eine Erfahrung des Fremdseins entstehen. Dies steht der Intention im Wege, dass sie sich willkommen fühlen soll.
- Für Familien mit kleinen Kindern dauert ein Gemeindegottesdienst oft zu lang. Kleine Kinder werden schnell unruhig. Häufig ist dies weniger ein Problem für den Großteil der Gemeinde als für die Eltern, die sich verstärkt um ihre Kinder kümmern müssen und sich dadurch daran gehindert fühlen, den Gottesdienst aktiv mitzufeiern.

Es ist schwierig, hier einen Königsweg zu finden. Individuelle Lösungen sind da oft hilfreich. Auch eine Tauffeier außerhalb der Gemeindemesse kann in der Gemeinde präsent sein. Dazu gibt es mehrere Möglichkeiten:

- Die Taufe findet *im Anschluss* an die Gemeindemesse statt. Nach der Messfeier weist der Priester (möglich auch: Lektor/-in; Vorsitzende/Vorsitzender des Pfarrgemeinderates usw.) auf die Tauffeier hin und lädt zur Mitfeier ein.
- Einige Gemeindemitglieder sind bei den Taufen anwesend und überbringen Grüße oder ein kleines Geschenk. Als Geschenk bietet sich zum Beispiel an, dass eine Gruppe aus der Gemeinde in Absprache mit den Eltern des zu taufenden Kindes die Taufkerze gestaltet.

Die Lebenssituation des zu taufenden Kindes und seiner Familie wahrnehmen

Lebensbiographien werden immer unterschiedlicher. Ein Blick in Kindergärten und Schulen genügt oft, um diesen Eindruck zu bestätigen. Häufig erleben Kinder mit einem Migrationshintergrund, dass sie nicht ganz dazugehören. Das kann sehr schmerzhaft sein. Kinder, die neu zugezogen sind, sind noch nicht ganz heimisch geworden. Große Differenzen bestehen zwischen Kindern unterschiedlicher sozialer Herkunft. Die Liste könnte noch um einiges verlängert werden. Doch ist ein Schluss bereits möglich: Es sind eine Taufpastoral und eine Taufliturgie nötig, die diese Unterschiede berücksichtigen, sie nicht an den Rand der Gemeinderealität stellen und auf sie individuell eingehen.

Das stellt besondere Anforderungen an die Frauen und Männer, die in Katechese und Seelsorge tätig sind. Dieses Buch möchte eine Hilfe sein, diesen Anforderungen zu begegnen.

Sinnsuche wahrnehmen

Auch wenn die Zahlen der Säuglingstaufen rückläufig sind: Immer noch kommen in den meisten Fällen die Eltern nach der Geburt eines Kindes mit dem Wunsch nach der Taufe zum Pfarrbüro. Manchmal bringen sie sogar das Kind mit. Für viele Menschen ist der Weg in das Büro der Gemeinde ein erster Kontakt seit langer Zeit. Fragt man nach der Absicht, warum sie ihr Kind taufen lassen wollen, ist oft Sprachlosigkeit zu spüren. Häufig wird als Intention genannt, eine schöne Familienfeier haben zu wollen. Natürlich: Das kann nicht alles sein, wenn man die Taufe als ein großes Sakrament versteht. Aber ist das zurückhaltende Verhalten der Eltern immer sogleich als Missachtung der sakramentalen Bedeutung der Taufe zu werten? Dies wäre sicherlich zumeist ein voreiliger Schluss. Denn in der Regel liegen dem Wunsch nach der Taufe tiefere, unausgesprochene Wünsche zu Grunde:

- Für die Eltern – und vor allem die Mutter – ist die Schwangerschaft meistens sowohl von Vorfreude als auch von starker Belastung geprägt. Die Geburt des Kindes ist ein lang erwartetes, tiefes und intensives Erlebnis. Die erste Zeit, die die Eltern gemeinsam mit ihrem Kind verbringen, ist belastend und beglückend zugleich. Oft ohne es aussprechen zu können, sind sie fasziniert von dem neuen Leben: einem neuen Menschen. Dankbarkeit, Ergriffenheit und elterliche Liebe bedingen, diese *besondere Situation* auf eine besondere Weise zu feiern. Der Anfang des Lebens ist eine wichtige Wegmarke auf dem Lebensweg. Die Eltern erbitten dafür eine rituelle Feier. Der Taufritus ist dabei kein leeres Zeichen – ganz im Gegenteil. Diese *Sinnhaftigkeit* wahrzunehmen und den Eltern, Patinnen und Paten und Familienmitgliedern den sakramentalen Gehalt der Taufe katechetisch zu erschließen, ist eine Herausforderung an eine zeitgemäße Pastoral.

- Die Eltern wünschen eine *Feier*. Zu einer solchen Feier gibt es allen Grund. Schließlich ist etwas Besonderes geschehen. Welchen Grund gäbe es auch, sich nicht mit den Angehörigen über das Kind zu freuen? Leben und Glauben gehören aus Sicht der christlichen Glaubensverkündigung zusammen. Die Freude über das Kind und das Staunen über das Geheimnis des (neuen) Lebens aus glaubender Perspektive zu deuten ist Aufgabe für eine zeitgemäße Verkündigung.
- Die Eltern möchten ihrem Kind *nichts vorenthalten*. Manchmal besteht die Angst, ein nicht getauftes Kind sei vom ewigen Heil ausgeschlossen. Oder aber es habe Nachteile zu erleiden, wenn es einmal daheim bleiben muss, während die anderen Kinder die Erstkommunion feiern. Zuweilen machen auch die Großeltern ihren Einfluss geltend und drängen die Eltern, ihr Kind taufen zu lassen. Die Gründe sind vielfältig und scheinen auf den ersten Blick entweder aus einer überholten formalistisch-kultischen Frömmigkeit oder aus einem recht profanen Denken zu entspringen. Aber ist die Intention, nichts vorenthalten zu wollen, völlig falsch? Nüchtern gedacht steht dahinter der Gedanke, dass einem nicht getauften Kind etwas fehlt. Aus christlicher Sicht wird man dem zustimmen können.

Sicherlich gibt es viele Motivationen, die hier noch anzufügen wären. Widerstände von Seiten der Kerngemeinde ergeben sich zumeist aus der Tatsache, dass andere Formen der Taufe als die Säuglingstaufe noch ungewohnt sind. Doch wenn die Freude über jedes neue Gemeindemitglied im Vordergrund steht, sind Vorbehalte rasch überwunden.

Den Anfang machen

Taufe, Firmung und Eucharistie gehören zu den *Initiationssakramenten.* Initiation ist aus dem lateinischen Wortstamm *initium* (Anfang, Beginn) hergeleitet. Das macht deutlich, dass diese drei Sakramente Anfänge im Leben und der Glaubensbiographie betreffen. Daraus ergeben sich zwei Konsequenzen:

- Das Bewusstsein, dass es sich um einen Anfang handelt, entlastet von der Erwartung an die Familie der Täuflinge, bereits eine feste Heimat im Glauben zu haben. Es kann noch viel geschehen, was sich anschließt.
- Es ist sinnvoll, in der Katechese, Pastoral und Liturgie der Taufe nachzuvollziehen, dass es sich um einen Anfang handelt.

Das Bewusstsein dafür, dass es um den Anfang geht, fordert heraus. Denn der Weg, der weiterführt, wird leichter, wenn es Begleiterinnen und Begleiter gibt. Realistischerweise ist damit nicht gemeint, dass die Familien der neu getauften Kinder sogleich in das Gemeindeleben mit allen liturgischen, verbandlichen, ehrenamtlichen und weiteren Dimensionen integriert werden. Die missionarische Dimension der Gemeinde kann konkret bedeuten, dass diesen Familien ein Eindruck und eine Erfahrung dessen vermittelt wird, was christliches Leben bedeutet. »Zur Freiheit hat uns Christus befreit« (Gal 5,1). Diesen Satz schreibt Paulus an die Gemeinde in Galatien. Zu vermitteln, dass christlicher Glaube Freiheit, Sinn und Hoffnung auf Erfüllung bedeutet, ist Auftrag für jede Gemeinde. Missionarisch handeln bedeutet also, vom Erlöser der Welt zu sprechen – denn die befreiende Botschaft richtet sich nicht nur an die Kerngemeinde, sondern an alle Geschöpfe Gottes. Das heißt auch, dass Verkündigung und Katechese nicht nur in die unmittelbare Vorbereitung auf den Empfang der Sakramente gehören, sondern in allen Lebensphasen und -situationen ihren Platz haben.

2 DIE ERSTEN SCHRITTE

Die Begegnung im Pfarrbüro

Eltern kommen meist dann ins Pfarrbüro, um ihr Kind zur Taufe anzumelden, wenn sich in ihrem Leben viel verändert hat. Beim ersten Kind ist es besonders deutlich: Die neue Verantwortung kommt mit einem Schlag. Nächtliches Aufstehen zehrt an den Nerven. Spontane Ausflüge und Verabredungen im Freundeskreis werden schwieriger. Und da ist ein neuer Mensch. Sehr oft sprechen Eltern von einem Wunder, wenn sie über ihr neu geborenes Kind erzählen. Sie benennen damit etwas, was sie durch und durch fasziniert und herausfordert.

Selbst wenn die Eltern in der Glaubenspraxis und im kirchlichen Leben nicht voll und ganz beheimatet sind, dann spüren sie doch in solcher Situation Großes. Wenn sie um die Taufe des Kindes bitten, dann geschieht dies in diesem Zusammenhang: Sie haben eine Ahnung vom Wunderbaren und bitten darum, dieses Wunder zu feiern. »Du bist mein geliebter Sohn, an dir habe ich Gefallen gefunden« (Lk 3,22) – Gottes Stimme sagt dies zu Jesus bei seiner Taufe durch Johannes im Jordan.

Die Situation im Pfarramt kann in einigen Fällen recht ernüchternd sein. Nun geht es um Formales: Ein Termin für ein Taufgespräch muss vereinbart werden; eventuell müssen persönliche Daten abgeklärt und Formulare ausgefüllt werden – alles Vorgänge, die eher lästig als erhebend sind. So könnte es hilfreich sein zu überlegen, auf welche Weise die Freude der Eltern an ihrem Kind in der Erfahrung aufgehen kann, dass das Neugeborene auch der Kirche willkommen ist. Denkbar ist, der Familie ein kleines Zeichen zu überreichen. Dies können sein:

- ein Bild von der Kirche, dem Taufort, einer Figur ... mit einem Willkommensgruß des Pfarrers, der weiteren Mitarbeiterinnen und Mitarbeiter des Pastoralteams, der/des Vorsitzenden des Pfarrgemeinderates
- ein kleines Kreuz
- eine Broschüre, die über die Taufe informiert[6]
- ein kleines Gebetbuch für Kinder
- Fotos von Taufkerzen als Anregung zum Selbermachen oder zur Auswahl einer Taufkerze, die die Gemeinde dem Kind später zur Taufe schenkt (besonders schön ist es, wenn z. B. eine Gruppe aus der Gemeinde die Kerzen selbst verziert)

Zumeist haben die Eltern viele Fragen und möchten genauere Informationen. Kommt man diesem Bedürfnis nach, können eventuelle Missverständnisse ausgeräumt werden. Geklärt werden können Fragen, wer Patin oder Pate sein kann, wo eine Taufkerze erhältlich ist, welche Kleidung angemessen ist oder wann in der Regel die Taufen in der Pfarrei stattfinden. Günstig ist es, für solche häufig gestellten Fragen einen Informationsbrief bereitzuhalten.

Dieser könnte etwa so aussehen:

Liebe Familie N.,
gerade haben Sie Ihr Kind N. zur Taufe angemeldet. Das ist ein Grund zur Freude, und wir heißen das zukünftige Gemeindemitglied in unserem Kreis herzlich willkommen!
Sie als Eltern haben sich bewusst entschieden, dass Ihr Kind zur Kirche gehören soll. »Lasst die Kinder zu mir kommen«, sagt Jesus (Matthäusevangelium 19,14). Wenn ein neuer Mensch auf die Welt kommt – so erzählen es viele Eltern – erfahren sie ein kleines Wunder. Wir Christinnen und Christen glauben daran, dass Gott alles Leben schenkt – auch Ihrem Kind. In der Taufe wird dem Kind gesagt, dass es zu Gott gehört, der es liebt, sein Leben will und es in die Ewigkeit begleitet.
Auf diesem Lebensweg begleiten es auch viele Menschen: Zunächst Sie als Eltern, dann aber auch Verwandte und Patinnen oder Paten. Patinnen oder Paten übernehmen eine besondere Aufgabe für Ihr Kind: Im Taufgottesdienst sprechen sie zusammen mit Ihnen das Glaubensbekenntnis und versprechen, ihr Patenkind im Glauben zu begleiten. Daher müssen Patinnen und Paten der katholischen Kirche angehören und gefirmt sein.
Über die Taufe wird Herr Pfarrer/Herr Kaplan N. N. am ... mit Ihnen sprechen und Sie daheim besuchen. Wenn Sie schon jetzt Fragen haben, stellen Sie sie gern oder rufen Sie uns unter der Telefonnummer ... an. Sollte gerade niemand da sein, sprechen Sie eine kurze Nachricht auf den Anrufbeantworter. Wir rufen dann so bald wie möglich zurück.
Ihnen, den Eltern, einen herzlichen Gruß
und dir, neue Erdenbürgerin/neuer Erdenbürger, ein herzliches Willkommen in unserer Gemeinde!
Ihr ...

Das Taufgespräch mit den Eltern und Möglichkeiten der Vorbereitung in der Gruppe

Auch heute ist es noch etwas Besonderes, wenn ›jemand von der Kirche‹ zu Besuch kommt. Mitunter äußert sich dieses Besondere in einer ausgeprägten Befangenheit der Eltern. Meist bricht das Eis aber schnell – vor allem wenn die Hauptperson ins Spiel kommt: das Kind, das getauft werden soll. Selbstverständlich müssen technische Details besprochen werden. Ein Termin für die Taufe muss vereinbart werden, wenn dies noch nicht geschehen ist. Es wird über den Taufgottesdienst geredet, und eventuell erhalten die Eltern Materialien, aus denen sie selbst einige Texte für die liturgische Gestaltung auswählen können. Schließlich sind noch Fragen zu klären, die das Taufkleid, die Taufkerze, die musikalische Gestaltung usw. betreffen. Formulare müssen ausgefüllt werden. – Hier geht es aber um mehr als um die Aufnahme in einen Verein. Es geht darum, über das Sakrament der Taufe zu sprechen, in dem das Kind die unbedingte Zusage von Gottes Nähe erhält. Das sollte hinter den Formalitäten nicht verschwinden, sondern eher die Hauptrolle spielen.

Aus der Zeit der Urkirche stammt der Ritus der *katechumenalen Salbung*. Er ist ursprünglich ein Zeichen der Stärkung, das erwachsene Taufbewerberinnen und Taufbewerber auf dem Weg der katechumenalen Vorbereitung auf die Taufe begleiten soll. Zu der heute möglichen (aber selten praktizierten) katechumenalen Salbung direkt im Zusammenhang mit der Taufspendung gibt es kritische Stimmen.[7] Seit einiger Zeit ist im Gespräch, auch für Kinder die Möglichkeit einer mehrstufigen Tauffeier vorzusehen. Wenn es beispielsweise für die Eltern eine Zeit der Vorbereitung gibt, ist es durchaus sinnvoll, den Beginn dieser Vorbereitungszeit auch liturgisch zu feiern. In einer solchen Feier könnte die katechumenale Salbung des Kindes ihren Platz haben, da es sich – wenn auch nicht eigenständig – auf dem Weg der Vorbereitung auf die Taufe befindet. Entwickelt wurde der Ritus vor dem Hintergrund, dass es in einigen Gemeinden inzwischen Gruppen von Eltern, deren Kinder getauft werden sollen, gibt (Näheres dazu unter Kap. 3, S. 29ff).

Gebet beim Taufgespräch in der Wohnung der Eltern

Wenn es keine liturgische Feier zusammen mit anderen Kindern, die demnächst getauft werden, gibt, ist ein Gebet in der Familie angemessen. Dies trägt der Situation Rechnung, dass mit der konkreten Vereinbarung, dass das Kind durch das Sakrament der Taufe in die Kirche aufgenommen werden soll, der Weg zum Sakramentempfang beschritten wird. Und da etwas *für* das Kind geschieht, sollte das Kind bei dem Taufgespräch eine Rolle spielen, anstatt dass man nur *über* das Kind spricht. Sinnvoll kann es sein, wenn bei dem Gespräch auch die Paten/Patinnen anwesend sind.

Nach dem Gespräch und der Klärung der technischen Fragen kann sich folgendes Gebet und die katechumenale Salbung anschließen. Der folgende Entwurf versteht sich als Anregung und kann der jeweiligen Situation entsprechend angepasst werden.

Eröffnung

L: Im Namen des Vaters und des Sohnes und des Heiligen Geistes.

A: Amen.

L: Liebe Familie N. Ihr Kind ist nun *(L nennt die Anzahl)* Wochen/Monate alt. Ein neuer Mensch ist auf der Welt. Das ist wunderbar. Dieses Kind möchte willkommen sein. Und Sie als Eltern können es das spüren lassen. Das Kind braucht nicht nur Nahrung und Pflege. Es braucht Ihre Liebe. Gott liebt Ihr Kind. Das hat er uns zugesagt, und wir dürfen darauf vertrauen. Im Evangelium wird davon berichtet, wie wichtig Jesus Kinder sind. Hören wir, was der Evangelist Matthäus *(alternativ: Markus/Lukas)* schreibt.

Evangelium

L oder eine Patin/ein Pate lesen den Schrifttext Mt 19,13–15 (alternativ: Mk 10,13–16/Lk 18,15–17) vor.

Auslegung

L: Die Freunde und Anhänger von Jesus fühlen sich durch Kinder gestört. Kinder machen Lärm. Kinder stellen anstrengende Fragen. Kinder können Unruhe schaffen. Das ist damals wie heute so: Nicht immer sind Kinder willkommen. Jesus macht aber deutlich, dass Kinder dazugehören. Sie sind ihm wichtig, und das sagt er ganz deutlich: Menschen wie ihnen gehört das Himmelreich.

Bezeichnung mit dem Kreuz

L: Sie haben Ja zu diesem Kind gesagt. Jesus Christus tut dies auch. Als Zeichen, dass dieses Kind zu Jesus gehört, werde ich ihm nun ein Kreuz auf die Stirn zeichnen. Und da Sie als Eltern und Paten/Patinnen den Weg des Kindes durch das Leben und den Glauben mitgehen, bitte ich Sie, dass auch Sie das tun.

L bezeichnet die Stirn des Kindes mit dem Kreuz. Möglich ist auch folgender Ritus:

L: Ich bezeichne deine *Augen* mit dem Kreuz,
damit du sehen lernst, was Jesus tut.
Ich bezeichne deine *Ohren* mit dem Kreuz,
damit du hörst, was Jesus sagt.
Ich bezeichne deinen *Mund* mit dem Kreuz,
damit du dem Ruf Jesu antwortest.
Ich bezeichne deine *Hände* mit dem Kreuz,
damit du tust, was Jesus lehrt.

Eltern und Paten/Patinnen bezeichnen die Stirn des Kindes mit dem Kreuz.

Salbung mit Katechumenenöl

L: Herr Jesus Christus,
du hast den Kindern die Hände aufgelegt und sie gesegnet.
Damit hast du gezeigt, wie sehr du die Kinder liebst.
Darum bitten wir dich:
Schütze N. vor allem, was schädlich und unmenschlich ist.
Bewahre N. vor allem Bösen und hilf, dass sie/er mit Freude ein christliches Leben führt.
Lass N. in ihrer/seiner Familie Geborgenheit finden
und schenke ihr/ihm Schutz auf allen ihren/seinen Lebenswegen.

Darum bitten wir dich, Jesus Christus,
denn du bist der Freund aller Menschen.

A: Amen.

L salbt das Kind an der Brust mit Katechumenenöl und spricht dabei:

L: Durch diese Salbung stärke und schütze dich die Kraft Christi, des Erlösers, der lebt und regiert in alle Ewigkeit.

A: Amen.

Segensgebet

L: Gott, der die Menschen auf den Wegen des Lebens begleitet, segne und behüte uns. Im Namen des Vaters und des Sohnes und des Heiligen Geistes.

A: Amen.

Eine schöne Geste ist es, der Familie eine Karte (evtl. mit der Abbildung der Kirche, in der das Kind getauft werden wird) zu überreichen. Darin kann zum Beispiel folgendes Gebet abgedruckt sein:

Guter Gott,
wir sind Eltern geworden. Unser Kind ist ein ganz neuer Mensch – einzigartig und unverwechselbar. Sein Leben hat gerade erst begonnen. Wir danken dir für unser Kind und bitten dich, dass du es beschützt und behütest. Begleite es und uns auf dem Weg zur Taufe, öffne uns die Augen für deine Liebe. Amen.

3 LITURGISCHE FEIERN IM LAUFE DER VORBEREITUNG

Bei der Säuglingstaufe: Feier des Eingangs

In einigen Gemeinden gibt es Gruppen von Eltern, deren Kind getauft werden soll (zum Teil unter Beteiligung der Patinnen und Paten). Zunächst ist es einfach schön, Menschen in der gleichen Lebenssituation zu erleben. Dadurch kann ›das Eis schnell brechen‹. Und es gibt noch weitere Vorteile:

- Die Eltern erhalten Kontakt zur Gemeinde und zu anderen Eltern, die sich in der gleichen Situation befinden. Im Gespräch mit anderen ist es oft wesentlich einfacher, sich eigener Motivationen für die Taufe und den Glauben bewusst zu werden.
- Sie erhalten die Möglichkeit, sich über ihre Lebenssituation in der Gruppe auszutauschen. Die Katechetin oder der Katechet kann Hilfestellungen geben, diese Lebenssituationen glaubend zu deuten.
- Die Taufe kann in ihrer sakramentalen Dimension reflektiert und gedeutet werden. Dem Vorwurf, die Taufe sei für viele Familien nichts als eine traditionsreiche Familienfeier, wird damit der Wind aus den Segeln genommen.
- Hemmschwellen können überwunden werden.

Natürlich kann es vorkommen, dass Eltern eine Einladung zu einer Gesprächsgruppe als Belastung empfinden. Zu einem zusätzlichen Termin ›abkommandiert‹ zu werden ist gerade dann unangenehm, wenn Eltern mit durchwachten Nächten und verlorener Flexibilität bei der eigenen Terminplanung zu kämpfen haben. Sollten die Eltern bereits eine solche Gruppenphase aus der Zeit der Taufe eines älteren Geschwisterkindes kennen, so kann eine Vorbereitungsphase als Doppelung empfunden werden. Die Erfahrung zeigt, dass sich solche Vorbehalte nicht völlig ausräumen lassen. Die Akzeptanz wächst aber dort, wo in einer Gemeinde solche Gruppen regelmäßig stattfinden und durch Mund-zu-Mund-Propaganda Überzeugungsarbeit geleistet worden ist.

Nicht immer wird es möglich sein, solche Elterngruppen in einer Gemeinde zu realisieren. Dafür kann es viele Gründe geben: Eltern ist eine Teilnahme oft nur schwer möglich, da sie sich um eine Kinderbetreuung bemühen müssen, wenn sie außer Haus sind. Oder die Gemeinde befindet sich in einem Umfeld, in dem wenige Kinder geboren werden. Es ließen sich viele weitere Gründe anfügen. In solchen Fällen erhält das Taufgespräch ein besonderes Gewicht.

Die Erfahrung zeigt, dass bei vielen Menschen zwar einerseits eine gewisse Sprachlosigkeit besteht, die vor allem darin begründet liegt, dass ihnen regelmäßige Gebetspraxis, Liturgie, Sprechen über das eigene Leben und den Glauben nicht vertraut sind. Diese Fremdheit ist aber andererseits nicht zu verwechseln mit einem Desinteresse an Lebens- und Sinnfragen. Die Entscheidung, sein Kind taufen zu lassen, ist nicht unbedingt nur eine Entscheidung für eine schöne Familienfeier in einem traditionellen Rahmen. Oft liegt hier ein, manchmal freilich schwer zu erkennender, Wunsch, etwas ›Sinnvolles‹ zu tun. Dass Gott der Sinn ist und dass der Glauben sinnvoll ist, kann in den Gesprächen deutlich werden.[8]

Immer wieder wird es vorkommen, dass in einer Gruppe Eltern mit lockerem und engerem Kontakt zur Gemeinde zusammentreffen. Gerade darin kann aber eine Chance liegen, denn es kann zu einem Glaubensgespräch zwischen eher distanzierten Eltern und Müttern und Vätern mit Gemeindebindung kommen. Solche Gespräche können mit Recht bereits als katechumenal gelten und sich als äußerst fruchtbar erweisen.

Wenn sich Eltern und Paten/Patinnen auf den Weg der Vorbereitung auf die Taufe eines Kindes machen, dann gibt es dazu eine bewusste Entscheidung. Sie ist nicht nur ein formaler Akt, sondern eine Lebensentscheidung. Sie in einer liturgischen Feier zu begehen, ist sicherlich angemessen und sinnvoll. Gerade aus dem Blickwinkel betrachtet, dass hier eine Entscheidung der Eltern sehr ernst genommen wird, kann eine solche Feier zeichenhaft erschließen, dass diese Entscheidung sinnvoll ist und dass dieser Sinn im Kern das Ja Gottes zum Menschen ist.

Am Beginn des gemeinsamen Weges zur Taufe kann etwa folgende Feier stehen, an der alle Eltern, Patinnen und Paten und eventuell weitere enge Angehörige teilnehmen können. Die Gemeinde sollte, wenn dies möglich ist, mit Vertreterinnen oder Vertretern des Pfarrgemeinderates, der Familienkreise oder ähnlicher Gruppen zugegen sein. Dadurch kann das Willkommen von Seiten der Gemeinde leibhaftig werden. Günstig für eine solche Feier ist ein Termin etwa im Anschluss an die Sonntagsmesse. Zunächst ist der Sonntag als Tag des Herrn Mittelpunkt des Gemeindelebens. Weiterhin ergibt sich durch diesen Termin die Möglichkeit, dass die Sonntagsgemeinde (wenigstens teilweise) noch in der Kirche bleibt und mitfeiert. Und schließlich wird deutlich, dass die Feier kein Randphänomen ist, das möglichst im Verborgenen stattzufinden hat. Ganz im Gegenteil: So kann deutlich werden, dass die Gemeinde Jesu Christi das Kind beziehungsweise die Kinder neu aufnehmen will.

Die liturgische Tauffeier beinhaltet bereits die Begrüßung der Kinder, die getauft werden sollen, im Eingangsbereich der Kirche. Bestandteil der Tauffeier ist ebenso der Ritus der Namensgebung und der Willensbekundung, das Kind taufen zu lassen. Wenn also die »Feier des Eingangs« auf dem Weg der Vorbereitung auf die Taufe stattfindet, werden diese Elemente bei der später folgenden Tauffeier nicht wiederholt.

Eröffnung

Die Familien, Patinnen und Paten versammeln sich mit den Kindern, die getauft werden sollen, am Kirchenportal. Der Priester oder Diakon empfängt sie dort und begrüßt sie (soweit es möglich ist, mit Namen). Sollten beispielsweise die Patinnen und Paten für diese Feier von auswärts angereist sein, so ist Gelegenheit, sich kurz miteinander bekannt zu machen. Danach fragt L die Eltern:

L: Liebe Eltern. Sie sind mit Ihren Kindern zum Eingang unseres Gotteshauses gekommen. Was erbitten Sie von der Kirche?

Eltern: Die Taufe. (*Oder:* Dass sie/er Christin/Christ wird. *Oder:* Dass sie/er in die Kirche aufgenommen wird. *Oder:* Dass sie/er zu Jesus gehört.)

L: Liebe Familien N. und N., liebe Patinnen und Paten. *(Wenn Gemeindemitglieder anwesend sind:)* Liebe Gemeinde. Am Eingang unserer Kirche sind die Kinder N. und N.

Ihre Familien möchten, dass sie in die Kirche aufgenommen werden. Wir freuen uns darüber, denn wir glauben, dass Gott ihnen ihr Leben geschenkt hat und sie auf dem Weg ihres Lebens zu einem guten Ziel führen wird. Heute beginnt für ihre Familien zusammen mit den Patinnen und Paten der Weg zur Taufe. Auf diesem Weg werden wir miteinander das Wort Gottes hören, über unseren Glauben sprechen und miteinander nach Gottes Spuren in unserem Leben suchen.

Als Zeichen, dass wir zu Jesus gehören, beginnen wir mit dem Kreuzzeichen:

Im Namen des Vaters und des Sohnes und des Heiligen Geistes.

A: Amen.

L: Jeder Mensch ist einmalig. Niemanden gibt es noch einmal auf dieser Erde. Daher hat jeder Mensch auch seinen eigenen Namen. Sie, die Eltern, haben einen Namen für Ihr Kind ausgesucht, und dieser Name wird Ihr Kind durch sein Leben begleiten.

Welchen Namen haben Sie Ihrem Kind gegeben?

Eltern: N.

Hier besteht die Gelegenheit, etwas zur Bedeutung der Namenspatrone zu sagen. Dies ist allerdings nicht bei allen Namen möglich. Eine schöne Geste ist es, den Eltern, Patinnen und Paten einen kurzen Text über die betreffende Namenspatronin/den betreffenden Namenspatron zu geben. Als Hilfe dazu bieten sich verschiedene Bücher an[9]; im Internet ist über die Seite http://www.heilige.de auch über Rufnamen die jeweilige Patronin/der jeweilige Patron leicht zu ermitteln. Danach ist es möglich, eine Namenstagsurkunde zu erzeugen und auszudrucken.

L: Heilige sind besondere Freundinnen und Freunde Gottes und unsere Fürsprecher. In ihrem Leben haben sie in vorbildlicher Weise deutlich gemacht, dass Gottes Wort sinnvoll ist. Im Wort *heilig* kommt der Begriff *Heil* vor. Gott möchte, dass das Leben eines jeden Menschen heil wird – das heißt mit anderen Worten: Er möchte, dass das Leben gelingt. Wir Christinnen und Christen glauben, dass Gott unser Leben zum Ziel führt in seinem ewigen Reich.
(Zu den Kindern gewandt:) N. und N.: Ihr seid uns willkommen. Kommt herein in unsere Kirche und in unsere Gemeinde. Wir freuen uns, dass ihr zu uns kommt. Wir freuen uns, dass Gott euch erschaffen hat.

Alle gehen in die Kirche hinein und versammeln sich am Taufort.

Gebet

L: Danken wir nun Gott für das Geschenk des Lebens.
Wir beten:
Guter Gott,
wir loben und preisen dich.
Wunderbar ist alles, was du erschaffen hast.
Wir danken dir, dass du uns ins Leben gerufen hast.
Staunend stehen wir vor deinem Schöpfungswerk.
Glücklich und voll Freude danken wir dir,
dass du N. und N. *(Namen der Kinder, die getauft werden sollen)*
erschaffen hast.
Hilf uns,
dass wir sie mit Liebe und Treue
auf dem Weg ihres Lebens begleiten,
ihnen Kraft und Vertrauen schenken

und mit ihnen den Glauben an dich
immer mehr entdecken.
Wir vertrauen auf dein Versprechen,
das du uns gegeben hast:
immer bei uns zu sein.
Begleite die Kinder mit ihren Familien,
Patinnen und Paten auf dem Weg zur Taufe,
in der sie deine Zusage erfahren:
dass du sie zu einem neuen Leben in dir führst,
das ewig ist.
Darum bitten wir dich durch Jesus Christus,
unseren Herrn,
der in der Einheit des Heiligen Geistes
mit dir lebt und herrscht in Ewigkeit.

A: Amen.

𝄞 **Lied:** Herr, ich bin dein Eigentum, oder: Dank sei dir, Vater, für das ewge Leben, oder: Nun danket alle Gott, oder: Lasst uns miteinander

Schriftlesung

Es folgt eine Schriftlesung, zum Beispiel Jes 43,1–7 (»Ich habe dich beim Namen gerufen«), die verlesen werden kann durch eine Mitfeiernde/einen Mitfeiernden, etwa eine Patin oder einen Paten.

Homilie

Für die Homilie bieten sich folgende inhaltliche Schwerpunkte an:

- Leben aus dem Glauben am Beispiel des Namenspatrons
- Gott schenkt das Leben; daher hat der Glaube an Gott immer etwas mit dem Leben zu tun.

- Gott ruft jeden Menschen beim Namen, das heißt, ihm ist jeder einzelne wichtig; jeder Mensch ist von Gott gewollt und geliebt.

Fragen an die Eltern, Patinnen und Paten

L: Liebe Eltern, Sie möchten, dass Ihre Kinder getauft werden. Dazu gehört die Bereitschaft, Ihre Kinder im Glauben zu erziehen und zu begleiten. Dazu gehört, dass Sie mit Ihren Kindern beten und ihnen dabei helfen, in die Kirche hineinzuwachsen.
Sie sollen Ihre Kinder in ein Leben einführen, das von der Liebe zu Gott und den Nächsten durchdrungen ist, so wie es Jesus uns vorgelebt hat.
Sind Sie dazu bereit?

Eltern: Ich bin bereit.

L: Liebe Patinnen und Paten, die Eltern dieser Kinder haben Sie gebeten, das Patenamt zu übernehmen. Dazu gehört die Bereitschaft, die Kinder auf dem Weg durch ihr Leben zu begleiten, sie im Glauben zu stärken und ihnen dabei zu helfen, in die Kirche hineinzuwachsen.
Sind Sie dazu bereit?

Paten/Patinnen: Ich bin bereit.

L: Schwestern und Brüder,
heute haben diese Eltern um die Taufe ihrer Kinder gebeten. Wenn die Kinder größer werden, sollen sie einmal selbst auf den Ruf Jesu Christi in seine Nachfolge antworten. Dazu brauchen sie Begleiterinnen und Begleiter. Dies sind ihre Patinnen und Paten, aber auch andere Menschen, die ihnen auf dem Lebensweg begegnen. Wir alle, die wir Kirche sind, sind dazu berufen, Gottes Wort durch unser

Zeugnis und unser Leben zu verkünden. Dabei helfe uns allen der Heilige Geist, in dem unser Herr in seiner Schöpfung stets anwesend ist.

A: Amen.

Bezeichnung mit dem Kreuz

L: Mit großer Freude heiße ich dich, N., und dich, N., in der Gemeinschaft der Kirche willkommen. Das Kreuz ist das Zeichen unserer Erlösung. Weil unser Herr auch euch erlöst hat, bezeichne ich euch mit dem Kreuz. Auch eure Eltern, Patinnen und Paten bezeichnen euch mit dem Kreuz.

L bezeichnet die Kinder, die getauft werden sollen, mit dem Kreuz. Möglich ist auch folgender Ritus:

L: Ich bezeichne deine *Augen* mit dem Kreuz,
damit du sehen lernst, was Jesus tut.
Ich bezeichne deine *Ohren* mit dem Kreuz,
damit du hörst, was Jesus sagt.
Ich bezeichne deinen *Mund* mit dem Kreuz,
damit du dem Ruf Jesu antwortest.
Ich bezeichne deine *Hände* mit dem Kreuz,
damit du tust, was Jesus lehrt.

Die Eltern, Patinnen und Paten bezeichnen die Kinder, die getauft werden sollen, mit dem Kreuz.

Heiligenlitanei

Bei der Heiligenlitanei lautet der Antwortruf der Gemeinde auf die einzelnen Anrufungen: »Bitte/Bittet für uns.«

L: Bitten wir nun die Heiligen, die uns im Glauben vorangegangen sind, um ihre Fürsprache:

- Heilige Maria, Mutter Gottes
- Heiliger Johannes der Täufer
- Heiliger Josef
- Heiliger Petrus und heiliger Paulus

Es folgen die Anrufungen der Pfarr-, Stadt- und Bistumspatrone und der Namenspatrone der Kinder, die getauft werden sollen (evtl. auch die der Namenspatrone der Geschwister, Eltern, Patinnen und Paten).

- L: Alle Heiligen Gottes

Fürbitten

Die nun folgenden Fürbitten können von Eltern, Paten/Patinnen oder weiteren Angehörigen vorgetragen werden. Der Antwortruf der Gemeinde lautet: »Wir bitten dich, erhöre uns.«

L: Bitten wir nun unseren Herrn Jesus Christus für diese Kinder, für unsere Gemeinde und für die ganze Kirche:

- V: Schenke diesen Kindern, was sie zum Leben brauchen. Bewahre sie vor allem Schaden, vor Krankheit und Not. Jesus, du Freund aller Menschen:
- V: Schenke den Eltern Energie und Mut bei der Erziehung ihrer Kinder und erhalte in den Familien die Liebe und das gegenseitige Verständnis.

Jesus, du Freund aller Menschen:

- V: Schenke den Patinnen und Paten Freude und Kraft im Glauben, damit sie den Kindern glaubwürdig deine Frohe Botschaft weitersagen können.

Jesus, du Freund aller Menschen:

- V: Schenke unserer Kirche Einheit und Offenheit, damit in ihr der Glaube an dich wachsen kann und im Leben spürbar wird.

Jesus, du Freund aller Menschen:

- V: Schenke den Menschen auf der Welt Frieden und Gerechtigkeit und hilf, dass diese Kinder in einer Welt des Friedens aufwachsen können.

Jesus, du Freund aller Menschen:

Vaterunser

L: Beten wir nun zu Gott, unserem Vater, mit den Worten, die Jesus Christus selbst uns zu beten gelehrt hat.

Alle sprechen gemeinsam das Vaterunser.

Salbung mit Katechumenenöl

L: Alle, die an Jesus Christus glauben, sind zum Heil berufen. Denn unser Herr liebt uns und lässt uns nicht allein. Herr Jesus Christus, du hast den Kindern die Hände aufgelegt und sie gesegnet. Damit hast du gezeigt, wie sehr du die Kinder liebst. Darum bitten wir dich:
Schütze N. und N. vor allem, was schädlich und unmenschlich ist.
Bewahre N. und N. vor allem Bösen und hilf, dass sie mit Freude ein christliches Leben führen.

Lass N. und N. in ihren Familien Geborgenheit finden und schenke ihnen Schutz auf allen ihren Lebenswegen. Darum bitten wir dich, Jesus Christus, denn du bist der Freund aller Menschen.

A: Amen.

L salbt jedes Kind an der Brust mit Katechumenenöl und spricht dabei:

L: Durch diese Salbung stärke und schütze dich die Kraft Christi, des Erlösers, der lebt und regiert in alle Ewigkeit.

A: Amen.

Segensgebet und Entlassung

L: Gott, der die Menschen auf den Wegen des Lebens begleitet, segne und behüte uns. Im Namen des Vaters und des Sohnes und des Heiligen Geistes.

A: Amen.

L: Gehet hin in Frieden.

A: Dank sei Gott dem Herrn.

Kindergartenkinder sind keine Babys mehr. Sie haben schon viel gelernt: Sie können sprechen und sich selbst anziehen. Sie können in Worte fassen, was sie wollen, und können ihren Willen auch manchmal durchsetzen. Sie sind kreativ und spielen gern mit anderen. Selbstverständlich brauchen sie viel Begleitung, Zuwendung und Hilfe; vollkommen selbstständig sind sie noch nicht. Aber dennoch: Ein gewisser Grad an Selbstständigkeit ist erreicht. Und bei vielen Kindern gibt es eine erste Ahnung vom Religiösen. Vielleicht haben sie im Kindergarten gebetet; vielleicht haben sie an einem Kindergottesdienst teilgenommen. Vielleicht haben sie auch, nachdem die Großmutter gestorben ist, gefragt: »Wo ist Oma jetzt?«

Kindergartenkinder haben schon viele Entwicklungsschritte hinter sich. Daher ist es auch nicht sinnvoll, sie auf dem Weg zur Taufe mit Säuglingen gleich zu behandeln. Sie können ihre eigene Taufe bewusst miterleben und werden sich einmal selbst daran erinnern können. So sollte es auch Schritte geben, die mit den Kindern zusammen auf die Taufe hin unternommen werden. Ein Katechumenat im engeren Sinne ist sicherlich noch schwierig. Doch kann es sich durchaus anbieten, die Kinder in kindgemäßer Form an das Sakrament heranzuführen. Bisher gibt es noch keine Arbeitshilfen; doch wird der Tatsache, dass immer mehr Kinder jenseits des Säuglingsalters getauft werden, vielerorts mit guten Initiativen begegnet.

Hier einige Beispiele, die sich besonders für eine Kindergarten-Taufpastoral in katholischen Einrichtungen eignen:

- Kinder werden von einer Katechetin/einem Katecheten in kurzen Treffen während der Betreuungszeit in der Kinderbetreuungseinrichtung auf die Taufe vorbereitet.
- In der Kinderbetreuungseinrichtung gibt es ein gemeinsames Thema »Taufe«: In den Gruppen kann die biblische Geschichte von der Taufe Jesu (Mk 1,9–11) oder der Taufe des Äthiopiers (Apg 8,26–40) in kindgemäßer Sprache vorgelesen werden. Zu der jeweiligen Perikope können Bilder gemalt oder Collagen gebastelt werden.
- Im Kindergarten-Wortgottesdienst wird die Taufe thematisiert.
- In der Kindergartengruppe werden das Taufgewand und die Taufkerze selbst gestaltet (vgl. unten Kap. 6, S. 176).
- Wenn es eine Vorbereitung durch eine Katechetin/einen Katecheten gibt, dann kann es von Vorteil sein, wenn die anderen Kinder und die Erzieherinnen und Erzieher über den Weg der Vorbereitung ›im Bilde‹ sind. So kann etwa im Eingangsbereich ein Tisch stehen, auf dem für jedes katechetische Treffen ein Bild/ein Element hinzugelegt wird. Dies regt zum Nachfragen an, fördert Transparenz und macht die Taufvorbereitung zur Sache aller.

Weitere kreative Elemente sind denkbar und hilfreich. Hintergrund ist, dass sich der religiöse Erfahrungsschatz der bereits getauften Kindergartenkinder oft nicht allzu stark von dem der noch nicht getauften unterscheidet. Denkbar sind daher gemeinsame katechetische Einheiten zum Wasser, Lesen aus der Kinderbibel und eine Erkundung der Kirche. Das entspricht dem kindlichen Wissensdurst und macht Freude.

Vorbereitende Feiern in der Kindergartengruppe

Es ist schon etwas Besonderes, wenn sich ein Kind oder gar mehrere Kinder eines Kindergartens auf den Weg zur Taufe machen. Hier beginnt etwas Neues, und in der Regel haben Kinder im Kindergartenalter dafür ein ganz feines Gespür. Werden mehrere Kinder vorbereitet, so wird bei den anderen Kindern der Kinderbetreuungseinrichtung rasch Interesse aufkommen, ›was da so alles passiert‹. Keinesfalls sollte der Verdacht entstehen, dass hier etwas ganz Geheimes geschieht, das einzig und allein die Kinder etwas angeht, die bald getauft werden. Das Miteinander-auf-dem-Weg-Sein kann Kindern dabei helfen, vorhandene Ängste zu überwinden, Vorfreude zu entwickeln und miteinander zu erschließen, was Gott in der Taufe schenken will.

Der Erwachsenenkatechumenat sieht für den Weg der Vorbereitung einige liturgische Feiern vor: die Feier der Aufnahme in den Katechumenat, die Feier der Übergabe des Glaubensbekenntnisses und des Vaterunsers sowie die Feiern der näheren Vorbereitung (Skrutinien). Dies sind Feiern, die gerade kleinere Kinder überfordern werden. Und doch machen solche Feiern klar: Der Weg ist wichtig, und niemand geht diesen Weg allein, sondern Gott begleitet ihn und er wird auch von anderen Menschen dabei begleitet.

Ein Konzept für einen Taufkatechumenat für Kindergartenkinder ist zwar noch nicht entwickelt worden; jedoch werden in Kürze konkrete Vorbereitungsmodelle veröffentlicht werden.[10] Sinnvoll kann es sein, in kleinen Feiern die Bedeutung der zentralen Symbole der Taufe zu erschließen. Dies kann mit dem Kindergartengottesdienst verzahnt werden.

❖ SYMBOL »WASSER«

Gespräch

Zur Vorbereitung wird in der Kindergartengruppe überlegt, an welchen Stellen und zu welchen Gelegenheiten Menschen mit Wasser in Berührung kommen. In der Mitte des Gruppenraumes wird eine blaue Fläche gestaltet (mit einem blauen Tuch oder etwas Vergleichbarem). Die Kinder malen oder gestalten mit Klötzen oder Legematerialien das, was ihnen eingefallen ist. Sinnvoll ist, dass sich Kinder zur Gestaltung eines Aspektes zusammenfinden (z. B. zu den Themen »Wasser zum Trinken«, »Wasser zum Blumengießen« usw.).
Gemeinsam werden die Gestaltungselemente betrachtet.

𝄞 **Lied:** Die Sonne hoch am Himmelszelt

Gebet

L: Lieber Gott,
du hast alles gemacht, was wir zum Leben brauchen.
Du hast uns auch das Wasser geschenkt.
Ohne Wasser können wir nicht leben.
Wenn N. getauft wird, dann zeigst du damit:
Du hast N. lieb! Du bist unser Freund.
Dafür danken wir dir.

A: Amen.

L: Im Namen des Vaters und des Sohnes und
des Heiligen Geistes.

A: Amen.

Gespräch

Alle sitzen im Kreis. Die Kinder betrachten, welche Kleidungsstücke sie tragen. Alle überlegen, wofür Kleidung nützlich ist: Sie wärmt, sie hält Wind und Regen ab, sie sieht schön aus usw.

Geschichte

L liest eine passende Geschichte vor, etwa die Geschichte vom heiligen Martin und dem Bettler oder auch Gal 3,26–28 in kindgerechten Worten.

Gespräch

Von Vorteil ist es, wenn das Taufgewand bereits zur Hand ist. Gemeinsam können es sich alle ansehen und überlegen, was es heißt, »Jesus als Gewand« anzuziehen. Beim Gespräch können folgende Punkte wichtig sein:

- Das Gewand ist weiß.
- Es trägt jemand, der neu getauft ist.
- Es ist etwas Besonderes.

L kann diese Beiträge zusammenfassen. Jedes Kind darf das Kleid einmal anfassen.

𝄞 **Lied:** Unser Freund heißt Jesus Christ

Gebet

L: Jesus, du bist unser Freund. Du hast uns alle lieb. Das weiße Kleid zeigt uns: Du willst ganz nah bei uns sein. Wenn N. bald getauft wird, dann sagst du: Wir sind Freunde. Wir gehören zusammen. Ich beschütze dich und will, dass es dir gut geht. Danke, Jesus!

❖ SYMBOL »KERZE«

Gespräch

Alle sitzen im Kreis. In der Mitte ist eine Kerze, die L anzündet. Nun schaltet jemand das Licht aus; wenn es draußen hell ist, wird der Raum verdunkelt. Alle schauen auf das Licht und beschreiben, was sie sehen können:

- Weil die Kerze leuchtet, kann ich noch etwas sehen.
- Dort, wo die Kerze den Raum nicht ausleuchtet, ist es völlig dunkel.
- Gut, dass die Kerze brennt, denn sonst könnten wir gar nichts sehen.

L kündigt an, dass die Kerze nun für einen Moment gelöscht wird. Ein Kind pustet die Kerze aus. L lässt den Raum einige Momente im Dunkeln und entzündet dann die Kerze erneut. Alle berichten davon, was sie wahrgenommen haben:

- Es war ganz dunkel.
- Ich konnte nichts mehr sehen.
- Ich hatte Angst.
- Ich habe ganz genau auf Geräusche gelauscht.

L: Wenn Licht da ist, können wir sehen. Dann haben wir nicht mehr so viel Angst. Die Welt ist bunt und schön. Wir freuen uns. Wenn das Dunkle erleuchtet ist, ist die Angst vorbei. Jesus sagt: »Ich bin das Licht der Welt.« Er will, dass wir keine Angst haben müssen.

𝄞 **Lied:** Gottes Wort ist wie Licht in der Nacht, oder: Das wünsch' ich sehr, dass immer einer bei mir wär

Gebet

L: Jesus, du bist unser Freund. Du willst, dass wir keine Angst haben müssen und dass wir froh sind. Du hast uns lieb. Danke, Jesus!

❖ SYMBOL »SALBUNG«

Gespräch

Alle sitzen im Kreis. L gibt ein kleines Cremetöpfchen herum. Die Kinder dürfen daran riechen und sich ein wenig davon auf die Haut streichen. Jedes darf erzählen, was sie/er festgestellt hat:

- Die Creme riecht gut.
- Sie zieht in meine Haut ein.
- Ich werde daheim eingecremt, wenn meine Haut rau ist.
- Ich bekomme Salbe, wenn ich verletzt bin.

L: Salbe ist dazu da, dass etwas heilt. Creme soll helfen, dass die Haut gesund wird. Das tut gut. Oft duften Salben und Cremes. In der Zeit, als Jesus hier auf der Erde war, war duftendes Salböl etwas ganz Besonderes. Ganz wertvolle Menschen wurden damit gesalbt – Könige und Herrscher. Wenn jemand getauft wird, wird er mit einer besonderen Salbe gesalbt. Sie heißt Chrisam. Denn Jesus möchte, dass es uns gut geht, dass alles heil wird. Jeder Mensch, der getauft wird, ist für ihn so wichtig wie ein Herrscher oder König. Jemand ganz Besonderer! Jesus hat jeden Menschen lieb. Ganz besonders kann man das in der Taufe merken.

𝄞 **Lied:** Das wünsch' ich sehr, dass immer einer bei mir wär

Gebet

L: Jesus, du willst, dass es uns gut geht. Wenn N. getauft wird, wird sie/er mit Chrisam gesalbt. Das heißt: Du möchtest, dass es ihr/ihm gut geht. Für dich ist sie/er jemand ganz Besonderer! Wir danken dir, Jesus, denn du bist unser Freund.

A: Amen.

Willkommensfeier für die Katechumenen im Kindergartengottesdienst

Wenn für ein Kindergartenkind die Vorbereitung auf die Taufe beginnt, dann ist das bereits in seinem jungen Alter ein bewusstes Erlebnis. Die Aufnahme in den Katechumenat mit einer gottesdienstlichen Feier zu begehen ist allerdings erst dann sinnvoll, wenn die Kinder selbst den Weg auf die Taufe hin als eine Zeit der eigenen Vorbereitung verstehen. Kinder können aber auch schon im Kindergartenalter empfinden, dass sie willkommen sind. Wenn die Vorbereitung der Kinder auf die Taufe in der Kinderbetreuungseinrichtung stattfindet, bietet es sich daher an, eine Willkommensfeier innerhalb des Kindergartengottesdienstes zu feiern. Andernfalls wäre im Einzelfall zu überlegen, ob eine liturgische Feier in einem größeren Rahmen sinnvoll ist.

Im Kindergartengottesdienst und der Willkommensfeier begegnen die Kinder dem Priester, der sie einmal taufen wird, und der Katechetin oder dem Katecheten. Eltern, Patinnen und Paten sind da. Die anderen Kinder der Einrichtung erfahren: Hier geschieht etwas. Alle erfahren, dass man gemeinsam betet und singt. Und allen kann der Blick geöffnet werden, dass der Segen Gottes diese Kinder begleitet.

Diese liturgische Feier ersetzt die »Feier des Eingangs« für Säuglinge und jüngere Kleinkinder; sie trägt der Tatsache Rechnung, dass Kindergartenkinder bereits den Gottesdienst aktiv mitfeiern können. In die Kirche eingelassen zu werden ist ein deutliches Zeichen. Es sagt: Komm herein; du bist uns willkommen! Das Erlebnis, in den großen Kirchenraum eingelassen zu werden, kann allerdings auch beängstigend sein. Der Raum kann kühl sein, die Orgelmusik und das Glockengeläut sind laut, jedes Wort hallt, und der Priester, die Ministrantinnen und Ministranten tragen ungewohnte Gewänder. Für Kinder kann es entlastend sein, wenn sie (direkt) vor dem Gottesdienst dem Priester, den Messdienerinnen und Messdienern begegnen. Vielleicht dürfen sie sich die Gewänder vorher einmal selbst ansehen und sie anfassen, das Licht einschalten, mit dem Organisten die Orgel ansehen oder sogar das Glockenläutwerk selbst einschalten.

Eröffnung

Die Gottesdienstgemeinde hat sich bereits im Kirchenraum versammelt. Die Kinder, die sich auf den Weg zur Taufe machen, stehen zusammen mit ihren Eltern, den Patinnen und Paten, Katechetinnen und Katecheten am Eingang. Der Priester oder Diakon begrüßt zuerst die Kinder, dann die Erwachsenen. Hilfreich kann es sein, durch ein mobiles Mikrofon das Gespräch in den Kirchenraum zu übertragen.

Bezeichnung mit dem Kreuz

L: Liebe/Lieber N. Du bist hier am Eingang zu unserer Kirche. Jesus hat dich eingeladen, denn er hat dich lieb.

Er sagt: »Schön, dass du da bist! Komm herein!«
Als Zeichen dafür bezeichne ich dich nun mit dem Kreuz – dem Zeichen für Jesus und für uns Christinnen und Christen.
Ich segne dich mit dem Zeichen des Kreuzes,
damit du erkennst, dass Jesus dich liebt
(L bezeichnet bei diesen Worten die Stirn).
Empfange das Zeichen des Kreuzes auf deine Ohren,
damit du hörst, was Jesus sagt *(L bezeichnet die Ohren).*
Empfange das Zeichen des Kreuzes auf deine Augen,
damit du siehst, was Jesus tut *(L bezeichnet die Augen).*
Empfange das Zeichen des Kreuzes auf deinen Mund,
damit du dem Ruf Jesu antwortest
(L bezeichnet den Mund).
Empfange das Zeichen des Kreuzes auf deine Brust,
damit Jesus durch den Glauben in deinem Herzen wohnt
(L bezeichnet die Brust).
Empfange das Zeichen des Kreuzes auf deine Hände,
damit du Gottes Wort in die Tat umsetzt
(L bezeichnet die Hände).
Empfange das Zeichen des Kreuzes auf deine Füße;
Gott lenke deine Schritte auf den Weg des Friedens
(L bezeichnet die Füße).

L bittet auch die Eltern, Patinnen und Paten, Katechetinnen und Katecheten und bereits getaufte Geschwister, die Katechumenen auf der Stirn mit dem Kreuz zu bezeichnen.

L: Liebe/Lieber N., du bist nun mit dem Kreuz, dem Zeichen des Glaubens aller Christinnen und Christen, bezeichnet.

Du gehörst zu Jesus. Komm nun herein! Du darfst einen Platz in unserer Gemeinde einnehmen, mit uns das Wort Gottes hören und mit uns beten.

𝄞 **Lied:** Wir feiern heut' ein Fest und freu'n uns miteinander

Evangelium

Als Schriftlesung eignet sich Mt 19,13–15 parr.

Katechese

Folgende Bausteine können für eine Katechese hilfreich sein:

- Freundinnen und Freunde sind Menschen, die man lieb hat und denen man vertraut.
- Man freut sich, dass es solche Menschen gibt. Sie machen das Leben schön und reich.
- Jesus ist ein ganz besonderer Freund der Menschen. Er ist von seinem Vater auf die Welt gesandt worden, damit er deutlich macht: Gottes Freundschaft mit den Menschen geht nie zu Ende.
- In der Taufe sagen Menschen und Gott Ja zueinander.

Anschauliche Elemente können den Kindern die Aussagen der Katechese näher bringen:

- In den Kindergartengruppen werden Bilder oder Collagen zum Thema »Freundschaft« gestaltet. Diese werden im Gottesdienst vorgestellt.
- Kinder gestalten einen Tanz, in dem sich alle die Hände reichen.

Gebet

Im Gebet werden die katechetischen Anregungen aufgegriffen und vor Gott gebracht. Hier einige Vorschläge:

- Jesus, du bist unser Freund. Du möchtest, dass wir nicht allein sind. Wir danken dir, dass du bei uns bist und uns froh machst.
- Jesus, du hast uns eingeladen, deine Freundinnen und Freunde zu sein. N. wird bald getauft, und wir freuen uns, dass sie/er zu unserer Gemeinde gehören darf. Schenke ihr/ihm ganz viel Freude am Glauben und an der Freundschaft mit dir.
- Jesus, N. wird bald getauft. Vorher bereitet Frau N./Herr N. sie/ihn vor. Ihre/seine Eltern begleiten N., und auch die Paten/Patinnen sind dabei. Lass sie alle spüren, dass du bei ihnen bist!

Segensgebet

L: Jesus Christus,
du bist ganz nah bei uns, denn du bist unser Freund.
Sei bei uns allen und hilf uns, dass wir deine Spuren in unserem Leben immer mehr entdecken. Denn du bist da!
Begleite N. auf dem Weg zur Taufe, und sei auch bei ihren/seinen Eltern und Geschwistern, den Paten/Patinnen und Katecheten/Katechetinnen. Segne uns und beschütze uns, heute und unser Leben lang.

A: Amen.

Thematische vorbereitende Erschließung im Kindergartengottesdienst

Es ist eine pastorale Chance, wenn andere Kinder der Kindertageseinrichtung die Vorbereitung auf die Taufe miterleben können. Im Kindergartengottesdienst, zu dem auch die Eltern eingeladen werden können, besteht eine gute Möglichkeit, die Taufe zu thematisieren. Dabei können Elemente aus der Vorbereitung in der Kindergartengruppe vorgestellt werden.

Die folgenden Bausteine können für eine Erschließung im Kindergarten-Wortgottesdienst hilfreich sein.

Zum Symbol »Wasser«

Ausgangspunkt ist der Schöpfungsbericht Gen 1,1–2,4a (in kindgerechter Form).

In der Katechese steht der Themenbereich »Wasser« mit seinen Dimensionen Tränken, Reinigen und Erfrischen im Vordergrund.

Zum Symbol »Gewand«

Ausgangspunkt ist Gal 3,26–28 (in kindgerechter Form).

In der Katechese steht der Themenbereich »Kleidung« mit seinen Dimensionen Nähe und Wärme im Vordergrund.

Zum Symbol »Licht«

Ausgangspunkt ist die brennende Osterkerze im Kirchenraum.

In der Katechese stehen die Themenbereiche »Licht, Tod und Auferstehung« im Vordergrund.

Zum Symbol »Salbung«

Dieses Symbol ist in einem größeren Kreis recht schwierig zu erschließen; es eignet sich besser für eine kleinere Gruppe.

Ausgangspunkt ist das Chrisam im Chrisamgefäß.

In der Katechese steht der Themenbereich »Salben« mit seinen Dimensionen Heilung, Wohlergehen und Wertvoll-/Kostbar-Sein im Vordergrund.

Bei der Taufe von Kindern im Grundschulalter

Fest der Aufnahme in den Katechumenat

Wenn sich Kinder auf den Weg zur Taufe machen, dann ist vieles neu. Sicherlich wissen sie in groben Zügen – vermittelt vielleicht durch die Familie, die Schule oder den Freundeskreis – dass die Taufe den ›Eintritt‹ in die Kirche bedeutet. Doch auch wenn die Taufe dieser ›Eintritt‹ ist, dann heißt das nicht, dass Gott erst nach dem Empfang dieses Sakraments bei den Kindern ist. Gott ist in seiner ganzen Schöpfung gegenwärtig, und so soll der Katechumenat dabei helfen, »die Spuren zu entdecken, die Gott längst im Leben eines Taufbewerbers hat«[11]. Diese Hilfe obliegt nicht allein der Katechetin und dem Katecheten. Sie ist Sache der ganzen Gemeinde, die den Prozess der Spurensuche in Wort, Tat und Gebet begleitet. So hat die liturgische Feier der Aufnahme in den Katechumenat folgende Bedeutung:

- Sie lässt die Katechumenen erfahren, dass die Gemeinde sie willkommen heißt und sie im Gebet begleitet.
- Sie soll den Katechumenen Mut machen und verdeutlichen, dass sie auf dem Weg des Lebens und des Glaubens nicht allein sind.
- Die Gemeinde lernt die Katechumenen kennen.
- Der Gemeinde wird verdeutlicht, dass es auf das Zeugnis ihres Glaubens ankommt und dass ihr Glaube andere begeistern soll.

Die Feier der Aufnahme in den Katechumenat ist nicht an eine bestimmte Zeit im Kirchenjahr gebunden, sondern sollte am besten in der ersten Zeit der Vorbereitung der Kinder stattfinden. Es ist nicht günstig, die liturgische Feier noch vor den Beginn der Vorbereitungstreffen zu platzieren; für die Kinder und deren Familien könnte es eine Überforderung darstellen, unvorbereitet einen solchen Gottesdienst mitzufeiern.

Für die Feier sollte ein geeigneter Schrifttext gewählt werden (z. B. 1 Thess 3,11–4,3a); zu Beginn sollten die Taufbewerberinnen und -bewerber mit ihren Patinnen, Paten und Familien begrüßt werden. Die Predigt sollte den Anlass der Aufnahme in den Katechumenat thematisieren.

Der folgende Vorschlag für eine liturgische Feier zur Aufnahme in den Katechumenat im Rahmen der Sonntagsmesse ist in Anlehnung an einen Entwurf von Franz-Peter Tebartz-van Elst erarbeitet, der ursprünglich für den Erwachsenenkatechumenat konzipiert wurde.[12]

Eröffnung

In die Kirche eingelassen zu werden ist ein deutlich erfahrbares Zeichen, das sagt: »Komm herein! Du bist uns willkommen! Wir begrüßen dich in unserer Mitte.«

Die Kinder, die getauft werden sollen, versammeln sich mit den Eltern, Patinnen und Paten am Kirchenportal. Sie werden vom Priester und den Katechetinnen und Katecheten begrüßt.

Die folgenden Fragen werden jedem Kind mit seinen Eltern und Paten/Patinnen gestellt.

L *(zum Kind):* N., du möchtest dich auf die Taufe vorbereiten. Warum willst du getauft werden?

Kind: Ich möchte Christin/Christ werden!

L *(zu den Eltern):* Liebe Eltern, Ihr Kind N. möchte sich auf die Taufe vorbereiten. Sind Sie damit einverstanden und werden Sie Ihr Kind dabei unterstützen?

Eltern: Ja.

L *(zu den Paten/Patinnen):* Liebe Paten/Patinnen, Sie haben den Wunsch von N. und ihren/seinen Eltern gehört. Sind auch Sie damit einverstanden, dass sich N. auf die Taufe vorbereitet, und werden Sie N. nach besten Kräften bei der Vorbereitung unterstützen?

Paten/Patinnen: Ja.

Bezeichnung mit dem Kreuz

Auch mit diesem Ritus wendet sich L einzeln an jedes der Kinder, die getauft werden sollen.

L: N., du wirst nun in den Katechumenat aufgenommen. Das ist die Zeit, in der du dich in unserer Gemeinde auf

deine Taufe vorbereitest. Frau N./Herr N. wird dich bei der Vorbereitung begleiten. Auch deine Paten/Patinnen und deine Eltern werden dir dabei zur Seite stehen, immer mehr in den Glauben an unseren Herrn und Gott hineinzuwachsen. Gott ruft dich und ist bei dir. Daher wirst du nun mit dem Kreuz, zu dem sich alle Christinnen und Christen bekennen, bezeichnet.
Ich segne dich mit dem Zeichen des Kreuzes,
damit du erkennst, dass Jesus dich liebt
(L bezeichnet bei diesen Worten die Stirn).
Empfange das Zeichen des Kreuzes auf deine Ohren,
damit du hörst, was Jesus sagt *(L bezeichnet die Ohren).*
Empfange das Zeichen des Kreuzes auf deine Augen,
damit du siehst, was Jesus tut *(L bezeichnet die Augen).*
Empfange das Zeichen des Kreuzes auf deinen Mund,
damit du dem Ruf Jesu antwortest *(L bezeichnet den Mund).*
Empfange das Zeichen des Kreuzes auf deine Brust,
damit Jesus durch den Glauben in deinem Herzen wohnt
(L bezeichnet die Brust).
Empfange das Zeichen des Kreuzes auf deine Hände,
damit du Gottes Wort in die Tat umsetzt *(L bezeichnet die Hände).*
Empfange das Zeichen des Kreuzes auf deine Füße;
Gott lenke deine Schritte auf den Weg des Friedens
(L bezeichnet die Füße).

L bittet jeweils auch die Eltern, Paten/Patinnen, Katecheten/Katechetinnen und bereits getaufte Geschwister, den Katechumenen auf der Stirn mit dem Kreuz zu bezeichnen.

L (*an alle Katechumenen gewandt):* Liebe/Lieber N. und N., ihr seid nun mit dem Kreuz, dem Zeichen des Glaubens aller Christinnen und Christen, bezeichnet. Ihr gehört zu Jesus. Kommt nun herein! Ihr dürft einen Platz in unserer Gemeinde einnehmen, mit uns das Wort Gottes hören und mit uns beten.

Einzug

Die Katechumenen, die Patinnen, Paten, Eltern und Geschwister ziehen zusammen mit den Katechetinnen und Katecheten und dem Priester ein.

Predigt

Die Predigt sollte auf die Aufnahme der Kinder in den Katechumenat eingehen. Im Anschluss daran bittet L die Kinder nach vorn.

L: Die Gemeinde schenkt euch diese Bibel. Sie ist das Buch unseres Glaubens, in dem das Wort Gottes steht. Wenn ihr euch dieses Buch anschaut, euch jemand daraus vorliest und ihr darin später einmal selbst lest, dann wird euch Gott ansprechen und euer Glaube wird wachsen.

Eine Vertreterin/ein Vertreter der Gemeinde überreicht jedem Katechumenen eine Bibel, am besten eine altersgemäß gestaltete Kinderbibel.
Die Kinder kehren zu ihren Plätzen zurück.

Fürbitten

Der Antwortruf lautet nach jeder Fürbitte: »Christus, höre uns!«

L: Herr Jesus Christus. Du schenkst uns den Glauben; du rufst uns, dir zu folgen, damit wir als Christinnen und

Christen ein Leben in Glaube, Hoffnung und Liebe führen. Höre unsere Bitten!

- V: Für die Menschen, die deine Spuren in ihrem Leben suchen: Hilf ihnen, sie zu entdecken!
- V: Für die Taufbewerberinnen und Taufbewerber, die sich heute auf den Weg ihrer Vorbereitung machen: Schenke ihnen Vertrauen, Begeisterung und Geduld mit sich, mit anderen und mit der Kirche.
- V: Für alle Getauften, die sich auf ihrem Glaubensweg allein fühlen: Hilf, dass sie Begleitung und Hilfe – auch in unserer Gemeinde – erfahren.
- V: Für unsere Gemeinde: Schenke uns den Geist der Gastfreundschaft und der Offenheit für alle, die Christus suchen.
- V: Für unsere Kirche: Hilf, dass sie glaubwürdig Zeugnis gibt von dem, was uns Christinnen und Christen trägt.

L: Denn du, Christus, hast uns mit der Flamme der Liebe angesteckt. Du lässt ihren Schein auch durch uns leuchten. Dafür danken wir dir, jetzt und in Ewigkeit.

A: Amen.

Schlussgebet

L: Herr, unser Gott. Du bist groß und gut. Hilf uns, dass wir dir nachfolgen und auf unserem Lebensweg in der Liebe zu dir und unseren Mitmenschen das Gute tun. Schenke uns den Glauben an dich, der uns erhält und uns ein Leben ohne Ende schenkt. Darum bitten wir dich durch Jesus Christus.

A: Amen.

Segen

Jedes Kind erhält vor dem Schlusssegen ein Kreuz, überreicht von seiner Katechetin/seinem Katecheten.

L: Liebe Kinder, heute seid ihr in den Katechumenat aufgenommen worden. Ihr habt euch entschlossen, euch auf die Taufe vorzubereiten. Gott geht diesen Weg mit uns. Er ist immer bei uns, weil er uns liebt. Das Kreuz zeigt uns, dass Jesus gekreuzigt wurde und gestorben ist. Aber er ist auferstanden und hat uns versprochen: »Auch ihr werdet mit mir auferstehen und ein erlöstes Leben in Ewigkeit führen.« Deshalb ist das Kreuz das Zeichen unserer Erlösung.
Das Kreuz, das ihr geschenkt bekommen habt, soll euch daran erinnern.
Der Herr sei mit euch!

A: Und mit deinem Geiste.

L: Der Herr segne und behüte euch; der Herr lasse sein Angesicht über euch leuchten und sei euch gnädig. Der Herr wende euch sein Angesicht zu und schenke euch seinen Frieden.

A: Amen.

Eine schöne Geste ist es, wenn Vertreterinnen und Vertreter der Gemeindegremien und der Verbände die Katechumenen, deren Eltern, Patinnen und Paten usw. begrüßen.

Feier der Segnung und Stärkung (mit Übergabe von Vaterunser und Glaubensbekenntnis)

Die Feier der Segnung und Stärkung gehört in die letzte Phase der Taufvorbereitung. Wenn die Taufe in der Osternacht oder der österlichen Festzeit ist, dann wird sie am Ende der österlichen Bußzeit gefeiert. Diese letzte Phase der Taufvorbereitung hat im Erwachsenenkatechumenat als »Skrutinienfeier« den Charakter von »Exerzitien auf die Osternacht hin«[13] und ist gekennzeichnet von »Gesinnung und Tat der Umkehr«[14]. Erwachsenen sind diese Aspekte einfacher zu vermitteln als Kindern im Grundschulalter. Religionspädagogisch und katechetisch sinnvoll ist es daher eher, die liturgische Feier für Grundschulkinder unter folgender Perspektive zu sehen:

- Die Vorbereitung von Kindern auf die Taufe bleibt der Gemeinde präsent.
- Die Kinder empfinden die Feier als einen Schritt voran im Hinblick auf die Taufe. Ähnlich wie im Advent die Adventsonntage, an denen ein neues Licht auf dem Kranz angezündet wird, ist sie eine Station auf dem Weg, an dessen Ziel die Taufe steht.
- Die Kinder erleben eine liturgische Feier und werden mit der Feier der heiligen Messe vertraut.
- Es wird deutlich, dass die Kinder auf ihrem Weg Stärkung und Begleitung erfahren (müssen). Sie erfahren, dass für sie gebetet wird.
- Die Gemeinde wird gebeten, die Kinder im Gebet zu begleiten.
- Die Feier gibt der Vorfreude auf die Taufe neue Energie.

Die Feier der Segnung und Stärkung sollte im Sonntagsgottesdienst der Gemeinde stattfinden. Am besten eignen sich wegen der Evangelientexte[15] der dritte, vierte und fünfte Fastensonntag. In dieser Feier ist es auch möglich, wichtige Glaubenstexte und/oder Gebete zu übergeben, etwa das Credo und das Vaterunser. Diese Texte sollten dann in den Katechesen zuvor entsprechend erschlossen werden. Eine Idee ist es, diese Texte von bereits getauften Kindern (etwa den Erstkommunionkindern) auf besonderem Papier oder Karton abschreiben und verzieren zu lassen. So kann deutlich werden: »Wir geben dir etwas, was uns wichtig und wertvoll ist. Du bekommst etwas für dein Leben als Christin oder als Christ.«

Der folgende Entwurf ist ein Vorschlag für eine Feier der Segnung und Stärkung am fünften Fastensonntag. Neben der Feier der Segnung der Kinder ist sie zugleich die der Übergabe des Credos und des Vaterunsers.

Sinnvoll ist es, die Taufbewerberinnen und -bewerber zu Beginn der Messe zu begrüßen und der Gemeinde noch einmal kurz vorzustellen.
Das Gebet und die Segnung der Katechumenen sollten ihren Platz nach der Predigt über das Evangelium haben. In der Predigt sollte der Weg der Taufbewerberinnen und -bewerber Berücksichtigung erfahren.

Gebet für die Katechumenen

Die Taufbewerberinnen und -bewerber werden nach vorn gerufen (z. B. vor den Altar).

L: Gott, unser liebender Vater, du hast uns deinen Sohn als Erlöser gesandt und uns gezeigt, dass du uns liebst. Blicke gütig auf diese Mädchen und Jungen, die deine

Frohe Botschaft gehört haben und sich auf das Leben
spendende Bad der Taufe vorbereiten.
Befreie sie von aller Angst,
lass sie nicht den Täuschungen des Bösen erliegen,
hilf ihnen in den Gefahren des Lebens und in
Glaubenszweifeln,
sei mit ihnen auf ihrem Weg in deine Ewigkeit.
Darum bitten wir dich durch Jesus Christus.

A: Amen.

Der Priester legt jeder Taufbewerberin und jedem Taufbewerber in Stille die Hände auf.

L *(die Hände über die Katechumenen ausbreitend):*
Herr Jesus Christus,
du hast in deiner Liebe den toten Lazarus ins Leben
zurückgeführt
und uns Menschen damit gezeigt,
dass du unser Freund sein willst
und uns nicht dem Tod auslieferst.
Befreie diese Mädchen und Jungen
von der Macht des Bösen,
geleite sie zum lebendigen Wasser der Taufe
und hilf ihnen, in ihrem ganzen Leben
durch die Kraft des Heiligen Geistes
den Vater zu loben und ihm zu danken,
mit dem du lebst und wirkst in alle Ewigkeit.

A: Amen.

Credo

Die Gemeinde spricht zusammen mit den Taufbewerberinnen und -bewerbern das Apostolische Glaubensbekenntnis.

L oder K: Mit diesen Worten sagen wir, dass wir zu Gott gehören wollen, der uns liebt und immer für uns da ist. Das Glaubensbekenntnis fasst zusammen, was wir Christinnen und Christen glauben. Auch ihr werdet Christinnen und Christen, und darum möchten wir euch diesen Text übergeben. Auf diese Papierrolle (o. Ä.) haben Kinder aus unserer Gemeinde das Glaubensbekenntnis geschrieben.

Danach übergeben die Kinder, die den Text abgeschrieben und gestaltet haben, den Taufbewerberinnen und -bewerbern den Text des Credos.

Fürbitten

Der Antwortruf der Gemeinde ist der Liedruf »Herr, erbarme dich«.

L: Gütiger und liebender Gott. Du willst immer für uns da sein und rufst uns zu dir. Höre, um was wir dich bitten!

- V: Für die Mädchen und Jungen, die sich auf die Taufe vorbereiten: Stärke ihren Glauben. Gib ihnen Freude an deiner Botschaft und fülle ihr Herz mit deiner Liebe.
- V: Für unsere Gemeinde St. N.: Gib uns die Kraft, den neuen Christinnen und Christen Heimat zu sein.
- V: Für die Kinder in der Welt: Lass sie Kinder sein dürfen. Lass sie Liebe erfahren und gib ihnen alles, was sie brauchen, um ohne Mangel aufwachsen zu können.
- V: Für die Kranken: Lass sie nicht den Mut verlieren, son-

dern erhalte sie im Glauben an dich, der du das Heil aller Menschen willst.

V: Für unsere Toten: Nimm sie bei dir auf und lass sie für immer bei dir sein.

L: Herr, höre unsere Bitten. Sei mit uns an allen Tagen unseres Lebens und führe auch uns am Ende unserer Tage heim zu dir. Darum bitten wir dich durch Jesus Christus.

A: Amen.

Vaterunser

Die Gemeinde spricht oder singt das Vaterunser.

L oder K: Dieses Gebet beten wir Christinnen und Christen, weil Jesus es uns selbst beigebracht hat. Es ist das wichtigste Gebet für die, die an Christus glauben. Weil auch ihr Christinnen und Christen werdet, bekommt ihr nun dieses Gebet, das Kinder für euch aufgeschrieben haben.

Danach übergeben die Kinder, die den Text abgeschrieben und gestaltet haben, den Taufbewerberinnen und -bewerbern den Text des Vaterunsers.

Schlussgebet

L: Lasset uns beten. Herr, unser Gott, N. und N. haben sich auf den Weg gemacht, in der Taufe deinen Geist zu empfangen. Begleite sie auf ihrem Lebensweg. Stärke sie in ihrem Glauben. Schenke ihnen Hoffnung, dass du bei uns bist mit deiner Liebe, die stärker ist als der Tod. Darum bitten wir dich durch Jesus Christus.

A: Amen.

4 TAUFGOTTESDIENSTE

Der Taufordo gibt einige wichtige Bausteine vor, die in allen Formen von Taufgottesdiensten ihren Platz haben. Vorgesehen ist bei Kindertaufen grundsätzlich, dass Eltern, Patinnen und Paten nach dem Glauben befragt werden und ihn bekennen. Sie werden außerdem nach der Bereitschaft zur religiösen Erziehung befragt. Weiterhin sind die sakramentalen Zeichenhandlungen unveränderlich.

Dennoch gibt es Nuancen, die je nach Anlass, Alter der Kinder, Gottesdienstform usw. beachtet werden sollten. So sollte die Taufe von Säuglingen anders sein als die eines 5-jährigen Kindes, das bereits den Kindergarten besucht.

Im Folgenden finden sich die Grundbausteine eines Gottesdienstes. Sollte es Varianten dieser Grundformen geben, so sind auch diese angegeben. In eigenen Abschnitten sind – je nach Alter der Kinder und je nach Gottesdienstform – eigene Texte und Gestaltungsmöglichkeiten für den jeweiligen Taufgottesdienst aufgeführt. Um den Gottesdienstplan zu erstellen, können die einzelnen Elemente von der CD-Rom in eine Datei kopiert und ausgedruckt werden.

Baustein »Namensgebung«

L: Welchen Namen haben Sie Ihrem Kind gegeben?

Eltern: N.

L: Was erbitten Sie von der Kirche Gottes für Ihr Kind?

Eltern: Die Taufe. (*Oder:* Dass sie/er Christin/Christ wird. *Oder:* Dass sie/er in die Kirche aufgenommen wird. *Oder:* Dass sie/er zu Jesus gehört.)

Baustein »Heiligenlitanei«

Bei der Heiligenlitanei lautet der Antwortruf der Gemeinde auf die einzelnen Anrufungen: »Bitte/Bittet für uns.«

L: Bitten wir nun die Heiligen, die uns im Glauben vorangegangen sind, um ihre Fürsprache:

- Heilige Maria, Mutter Gottes
- Heiliger Johannes der Täufer
- Heiliger Josef
- Heiliger Petrus und heiliger Paulus

Es folgen die Anrufungen der Pfarr-, Stadt- und Bistumspatrone und der Namenspatrone der Kinder, die getauft werden sollen (evtl. auch die der Namenspatrone der Geschwister, Eltern und Paten/Patinnen).

- L: Alle Heiligen Gottes

✐ Baustein »Fürbitten«

Die einzelnen Fürbitten können von Eltern, Paten/Patinnen oder weiteren Angehörigen vorgetragen werden. Der Antwortruf der Gemeinde lautet: »Wir bitten dich, erhöre uns.«

L: Bitten wir nun unseren Herrn Jesus Christus für dieses Kind/diese Kinder, für unsere Gemeinde und für die ganze Kirche:

- V: Schenke diesem Kind/diesen Kindern das, was es/sie zum Leben braucht/brauchen. Bewahre es/sie vor allem Schaden, vor Krankheit und Not.
  Jesus, du Freund aller Menschen:
- V: Schenke den Eltern Energie und Mut bei der Erziehung ihres Kindes/ihrer Kinder und erhalte in den Familien die Liebe und das gegenseitige Verständnis.
  Jesus, du Freund aller Menschen:
- V: Schenke den Patinnen und Paten Freude und Kraft im Glauben, damit sie dem Kind/den Kindern glaubwürdig deine Frohe Botschaft weitersagen können.
  Jesus, du Freund aller Menschen:
- V: Schenke unserer Kirche Einheit und Offenheit, damit in ihr der Glaube an dich wachsen kann und im Leben spürbar wird.
  Jesus, du Freund aller Menschen:
- V: Schenke den Menschen auf der Welt Frieden und Gerechtigkeit und hilf, dass dieses Kind/diese Kinder in einer Welt des Friedens aufwachsen kann/können.
  Jesus, du Freund aller Menschen:

✐ Baustein »Taufwassergebete«

❖ *Außerhalb der Osterzeit:*
Taufwasserweihe

L: Lasset uns beten zu Gott, dem allmächtigen Vater,
dass er diesem Kind/diesen Kindern
aus dem Wasser und dem Heiligen Geist
neues Leben schenke.

Stille

L: Wir preisen dich, ewiger Gott.
Mit unsichtbarer Macht wirkst du das Heil der Menschen
durch sichtbare Zeichen.
Auf vielfältige Weise hast du das Wasser dazu erwählt,
dass es hinweise auf das Geheimnis der Taufe.
Wir loben dich.
A: Wir preisen dich.
L: Schon im Anfang der Schöpfung schwebte dein Geist
über dem Wasser und schenkte ihm die Kraft,
zu retten und zu heiligen.
Selbst die Sintflut ist ein Bild für die Taufe.
Denn das Wasser brachte der Sünde den Untergang und
dem heiligen Leben einen neuen Anfang.
Wir loben dich.
A: Wir preisen dich.
L: Die Kinder Abrahams hast du trockenen Fußes
durch das Rote Meer geführt und sie befreit
aus der Knechtschaft des Pharao.

So sind sie ein Bild der Getauften,
die du befreit hast aus der Knechtschaft des Bösen.
Wir loben dich.

A: Wir preisen dich.

L: Wir preisen dich, Gott, allmächtiger Vater,
für deinen geliebten Sohn Jesus Christus.
Er wurde von Johannes im Jordan getauft
und von dir gesalbt mit Heiligem Geist.
Als er am Kreuz erhöht war,
flossen aus seiner Seite Blut und Wasser.
Nach seiner Auferstehung gab er den Jüngern den Auftrag:
»Geht zu allen Völkern und macht alle Menschen zu meinen Jüngern und tauft sie auf den Namen des Vaters und des Sohnes und des Heiligen Geistes.«
Wir loben dich.

A: Wir preisen dich.

L: Wir bitten dich, allmächtiger, ewiger Gott,
schau gnädig auf deine Kirche
und öffne ihr den Brunnen der Taufe.
Dieses Wasser empfange vom Heiligen Geist
die Gnade deines eingeborenen Sohnes.
Die Menschen, die du als dein Abbild geschaffen hast,
reinige im Sakrament der Taufe von der alten Schuld.
Aus Wasser und dem Heiligen Geist geboren,
lass sie auferstehen zum neuen Leben.
Erhöre uns.

A: Erhöre uns.

Der Priester oder der Diakon berührt das Wasser mit der rechten Hand und spricht:

L: Durch deinen Sohn steige herab in dieses Wasser
die Kraft des Heiligen Geistes,
damit alle, die durch die Taufe
mit Christus begraben sind in seinem Tod,
mit ihm zum Leben auferstehen.
Erhöre uns.

A: Erhöre uns.

L: Darum bitten wir dich, Vater, durch Jesus Christus, deinen Sohn, unseren Herrn und Gott, der in der Einheit des Heiligen Geistes mit dir lebt und herrscht in alle Ewigkeit.

A: Amen.

❖ *Innerhalb der Osterzeit:*
Lobpreis über dem Wasser

L: Wir preisen dich, Gott, Vater voll Erbarmen.
Aus der Quelle der Taufe hast du
das neue Leben deiner Kinder entstehen lassen.
Wir loben dich.

A: Wir preisen dich.

L: In deinem Sohn Jesus Christus machst du alle,
die aus Wasser und Heiligem Geist getauft sind,
zu einem Volk.
Wir loben dich.

A: Wir preisen dich.

L: Du gießt den Geist deiner Liebe in unsere Herzen ein und schenkst uns die Freiheit, in deinem Frieden zu leben.
Wir loben dich.

A: Wir preisen dich.
L: Du erwählst alle Getauften,
das Evangelium in der Welt freudig zu bezeugen.
Wir loben dich.
A: Wir preisen dich.
L: Schenke durch dieses in der Osternacht gesegnete Wasser
N. (N. und N., diesen Kindern) die Gnade,
von neuem geboren zu werden.
Du hast sie im Glauben der Kirche zur Taufe berufen,
damit sie ewiges Leben haben
durch Christus, unseren Herrn.
A: Amen.

✐ Baustein »Taufbekenntnis«

Es handelt sich hier um das Taufbekenntnis der Eltern und Paten/Patinnen.
Taufbekenntnisse für ältere Kinder finden sich in den Entwürfen für Taufgottesdienste für Kinder im Kindergarten- und Grundschulalter.

L: Liebe Eltern und Paten/Patinnen.
Gott liebt die Menschen, die er erschaffen hat und durch das Leben führt.
Er liebt auch Ihre Tochter N./Ihren Sohn N., denn auch sie/er ist ein Kind Gottes.
Er schenkt ihr/ihm durch den Heiligen Geist im Wasser der Taufe das neue Leben.
Damit dieses göttliche Leben vom Bösen bewahrt bleibt
und beständig wachsen kann,

ist es nötig, dass Sie Ihr Kind im Glauben erziehen.
Sagen Sie, denen Ihr Kind anvertraut ist,
im Gedenken an Ihre eigene Taufe und Firmung dem Bösen ab
und bekennen Sie Ihren Glauben an Jesus Christus,
den Glauben der Kirche, in dem Ihr Kind getauft wird.
Widersagt ihr dem Bösen,
um in der Freiheit der Kinder Gottes zu leben?

Eltern und Paten/Patinnen: Ich widersage.

L: Widersagt ihr den Verlockungen des Bösen,
damit die Sünde nicht Macht über euch gewinnt?

Eltern und Paten/Patinnen: Ich widersage.

L: Widersagt ihr dem Satan,
dem Urheber des Bösen?

Eltern und Paten/Patinnen: Ich widersage.

L: Glaubt ihr an Gott, den Vater, den Allmächtigen,
den Schöpfer des Himmels und der Erde?

Eltern und Paten/Patinnen: Ich glaube.

L: Glaubt ihr an Jesus Christus,
seinen eingeborenen Sohn, unseren Herrn,
der geboren ist von der Jungfrau Maria,
der gelitten hat, gestorben ist und begraben wurde,
von den Toten auferstand und zur Rechten des Vaters sitzt?

Eltern und Paten/Patinnen: Ich glaube.

L: Glaubt ihr an den Heiligen Geist,
die heilige katholische Kirche,
die Gemeinschaft der Heiligen,
die Vergebung der Sünden,
die Auferstehung der Toten und das ewige Leben?

Eltern und Paten/Patinnen: Ich glaube.

✐ Baustein »Taufspendung«

L: Liebe Familie N.,
wir haben gemeinsam den Glauben an unseren Gott bekannt. Er ist uns in unverbrüchlicher Liebe verbunden und will, dass das Leben seiner Geschöpfe gelingt.
Ich frage Sie: Wollen Sie, dass Ihre Tochter/Ihr Sohn nun in diesem Glauben getauft wird?

Eltern und Paten/Patinnen: Ja, das wollen wir.

L: N., ich taufe dich im Namen des Vaters *(erstes Untertauchen oder Übergießen)* und des Sohnes *(zweites Untertauchen oder Übergießen)* und des Heiligen Geistes *(drittes Untertauchen oder Übergießen)*.

✐ Baustein »Chrisamsalbung«

L: Der allmächtige Gott,
der Vater unseres Herrn Jesus Christus,
hat dich/euch von der Schuld Adams befreit
und dir/euch aus dem Wasser und dem Heiligen Geist neues Leben geschenkt.
Aufgenommen in das Volk Gottes wirst du/werdet ihr nun mit dem heiligen Chrisam gesalbt,
damit du für immer ein Glied Christi bleibst/ihr für immer Glieder Christi bleibt,
der Priester, König und Prophet ist
in Ewigkeit.

A: Amen.

✐ Baustein »Überreichung des Taufgewandes«

L: N. (und N.), in der Taufe bist du/seid ihr eine neue Schöpfung geworden und hast/habt – wie es in der Bibel steht – Christus angezogen.
Das weiße Gewand sei dir/euch ein Zeichen für diese Würde, denn du bist Gottes geliebtes Kind/ihr seid Gottes geliebte Kinder.
Bewahre/Bewahrt diese Würde für das ewige Leben.

✐ Baustein »Wort an die Patinnen und Paten«

L: Liebe Eltern und Paten/Patinnen,
Ihnen wird dieses Licht anvertraut.
Jesus Christus ist das Licht der Welt
und hat Ihr Kind/Ihre Kinder erleuchtet.
Es soll als Kind/Sie sollen als Kinder des Lichtes leben,
sich im Glauben bewähren
und allen Heiligen entgegengehen,
wenn er kommt in Herrlichkeit.

✐ Baustein »Effata-Ritus«

L: N., der Herr lasse dich heranwachsen,
und wie der Ruf »Effata« – das heißt: »Öffne dich« –
dem Taubstummen die Ohren und den Mund geöffnet hat,
öffne er auch dir Ohren und Mund,
dass du sein Wort hörst *(L berührt die Ohren des Kindes)*

und den Glauben bekennst und weitersagst
(L berührt den Mund des Kindes)
zum Heil der Menschen und zum Lobe Gottes.

Bei mehr als einem neu getauften Kind berührt L beim zweiten und den folgenden Kindern erst die Ohren und dann den Mund und spricht dazu:

L: Effata – der Herr öffne dir Ohren und Mund.

Taufe von Kindern im Säuglingsalter

Zwar in geringer werdendem Maße, jedoch immer noch in den meisten Fällen, werden Kinder im Säuglingsalter getauft. Eltern möchten, dass ihr Kind zur Kirche gehört. Oft sind es nicht ausgesprochene Gedanken, Wünsche und Empfindungen, die für den Entschluss zur Taufe maßgeblich sind. Dem Kind nichts vorzuenthalten ist eine der meist genannten Motivationen. Selbstverständlich ist dies aus den Augen von praktizierenden Christinnen und Christen ein schwaches Argument. Denn es geht um etwas ganz Entscheidendes: um das Sakrament der Taufe, das Sakrament der Nähe Gottes, die Erfahrung des Heiligen Geistes, die Zugehörigkeit zu Jesus Christus und die Aufnahme in seine Kirche und vieles mehr. Aber dennoch: Vielen Menschen ist es auf Grund ihrer eigenen Lebenserfahrung und religiöser Sprachlosigkeit nahezu unmöglich, über tiefere Lebens- und Glaubensfragen zu reden – was nicht bedeutet, dass Kirche, Religion und Glauben gegenüber Feindschaft bestünde. Ganz im Gegenteil: Der größte Teil der deutschen Bevölkerung gibt an, an Gott zu glauben.[16]

Taufen sind nicht der Schlusspunkt einer Entwicklung. Bei der Säuglingstaufe ist dies besonders augenfällig. Ein kleiner, hilfloser Mensch wird in die Kirche getragen und aufgenommen. Eltern, Paten/Patinnen, Verwandte usw. beten für das Kind, bekennen ihren Glauben, bekennen sich zu einer christlichen Erziehung. Ein Taufgottesdienst für Säuglinge muss dem Rechnung tragen: Er kann Mut machen auf Zukunft hin. Denn das sakramentale Zeichen der Taufe beinhaltet die unbedingte Zusage von Gottes Gegenwart und Weggeleit.

Diese Zusage deckt sich fast immer mit den Wünschen der Eltern für ihr Kind: Es soll Schutz erfahren. Sie freuen sich über das Dasein ihres Kindes, staunen über das neue Leben und erfahren vielleicht sogar etwas vom Wunder der Schöpfung. Wenn dies in den Gottesdiensten anklingt, kann die häufige Erfahrung »verschiedene Sprachen zu sprechen« vermieden werden.

Der approbierte Taufritus für Kinder im Säuglingsalter ist zu finden im Rituale »Die Feier der Kindertaufe« (Bischofskonferenzen Deutschlands, Österreichs und der Schweiz und des Bischofs von Luxemburg (Hg.), Die Feier der Kindertaufe in den katholischen Bistümern des Deutschen Sprachgebietes. Verlag Herder Freiburg i.Br. ^{13}2001). Die folgenden Beispiele orientieren sich an diesem Ritus und geben Anregungen für die konkrete Ausgestaltung.

Innerhalb der Messfeier

Zum Bedenken

Wenn die Taufe innerhalb einer Gemeindemessfeier stattfindet, kommt in besonderer Weise zum Ausdruck, dass das Kind in diese Gemeinde aufgenommen wird. Manchmal entsteht bei einer Taufe außerhalb der Gemeindemesse der Eindruck, es geschehe etwas rein Privates. Die Gemeinde erfährt von der Taufe und ihrem neuen Gemeindemitglied allenfalls durch das Gemeindeblatt und die Notanda.

Für Familien, die der Kirche verbunden sind und die Messfeier regelmäßig mitfeiern, kann also die Taufe innerhalb der Gemeindemesse die beste Lösung sein. Die Praxis zeigt jedoch, dass ein sehr großer Teil der Familien, deren Kinder getauft werden, eher selten die Messe mitfeiert. Für sie kann schnell ein Gefühl des Unbehagens, des Fremdseins oder gar des Vorgeführtwerdens entstehen, wenn ihr Kind in einem besonders öffentlichen Rahmen wie dem der Gemeindemesse getauft wird. So ist jeder Einzelfall mit Sensibilität abzuwägen und am besten einvernehmlich mit den Familien zu entscheiden.

Gestaltung der Messfeier mit Taufe

Sollte eine separate »Feier des Eingangs« stattgefunden haben, entfallen hier diejenigen Elemente der Tauffeier, die dort bereits enthalten waren.

Einzug

Zu Beginn der Messfeier holt der Priester die Familie (aus organisatorischen Gründen sind es bei dieser Feierform selten mehrere Familien) am Kirchenportal ab und zieht mit ihr ein. 𝄞 Als Lied zum Einzug eignet sich: Gott ruft sein Volk zusammen, oder: Manchmal feiern wir mitten am Tag.

Eröffnung

Nach der Eröffnung mit dem Kreuzzeichen und dem liturgischen Gruß stellt der Priester die Familie kurz vor und leitet dann über zur Frage nach dem Namen des Kindes.

✎ *Baustein »Namensgebung« (S. 67)*

Fragen an die Eltern und Paten/Patinnen

L: Liebe Eltern. Sie möchten, dass Ihr Kind getauft wird. Dazu gehört die Bereitschaft, Ihr Kind im Glauben zu erziehen und zu begleiten. Dazu gehört, dass Sie mit Ihrem Kind beten und ihm dabei helfen, in die Kirche hineinzuwachsen. Sie sollen Ihr Kind in ein Leben einführen, das von der Liebe zu Gott und den Nächsten durchdrungen ist, so wie es Jesus uns vorgelebt hat.
Sind Sie dazu bereit?

Eltern: Ich bin bereit.

L: Liebe Paten/Patinnen. Die Eltern dieses Kindes haben Sie gebeten, das Patenamt zu übernehmen. Dazu gehört die Bereitschaft, dieses Kind auf dem Weg durch sein Leben zu begleiten, es im Glauben zu stärken und ihm dabei zu helfen, in die Kirche hineinzuwachsen.
Sind Sie dazu bereit?

Paten/Patinnen: Ich bin bereit.

L: Schwestern und Brüder, heute haben die Eltern um die Taufe ihres Kindes gebeten. Wenn dieses Kind größer wird, soll es einmal selbst auf den Ruf Jesu Christi in seine Nachfolge antworten. Dazu braucht es Begleiterinnen und Begleiter. Dies sind die Paten/Patinnen, aber auch andere Menschen, die ihm auf dem Lebensweg begegnen. Wir alle, die wir Kirche sind, sind dazu berufen, Gottes Wort durch unser Zeugnis und unser Leben zu verkünden. Dabei helfe uns allen der Heilige Geist, in dem unser Herr in seiner Schöpfung stets anwesend ist.

A: Amen.

Bezeichnung mit dem Kreuz

L: Mit großer Freude heiße ich dich, N., in der Gemeinschaft der Kirche willkommen. Das Kreuz ist das Zeichen unserer Erlösung. Weil unser Herr auch dich erlöst hat, bezeichne ich dich mit dem Kreuz.

L bezeichnet die Stirn des Kindes mit dem Kreuz. Möglich ist auch:

L: Ich bezeichne deine *Augen* mit dem Kreuz,
damit du sehen lernst, was Jesus tut.
Ich bezeichne deine *Ohren* mit dem Kreuz,
damit du hörst, was Jesus sagt.
Ich bezeichne deinen *Mund* mit dem Kreuz,
damit du dem Ruf Jesu antwortest.
Ich bezeichne deine *Hände* mit dem Kreuz,
damit du tust, was Jesus lehrt.
Auch deine Eltern und Paten/Patinnen bezeichnen dich mit dem Kreuz.

Die Eltern und Paten/Patinnen bezeichnen das Kind, das getauft werden soll, mit dem Kreuz. Sind Geschwister anwesend, können auch sie das Kind mit dem Kreuz bezeichnen.
Die Familie begibt sich an ihren Platz.

Einführung

L: Schwestern und Brüder,
die Familie N. hat gerade um die Taufe ihres Kindes N. gebeten. Sie sind hier, weil sie auf Gottes Liebe vertrauen, weil sie wollen, dass N. im sakramentalen Zeichen der Taufe erfährt, dass Gott bei ihm ist, und weil N. Heimat in unserer Kirche finden soll. Das ist ein Zeugnis des Glaubens und des Vertrauens. Ich freue mich sehr darüber und heiße Sie, liebe Familie, und ganz besonders dich, N., in unserer Gemeinde St. N. willkommen.

Kyrie

Der Antwortruf der Gemeinde lautet: »Herr/Christus, erbarme dich.«

L: Unser Herr ist mitten unter uns. Er kennt uns und liebt uns mit allen unseren Stärken und Schwächen. Ihm vertrauen wir uns an und rufen zu ihm:

- Wir sind deine Geschöpfe. Staunend stehen wir vor deinem Werk und können es nicht verstehen. Herr, erbarme dich.
- Uns hast du die Schöpfung anvertraut und sie uns zu Eigen gegeben. Christus, erbarme dich.
- Auch uns Menschen hast du einander anvertraut, dass wir füreinander sorgen. Herr, erbarme dich.

Herr, du bist uns in deiner Liebe nahe. Hilf uns und begleite uns durch das Leben, befreie uns von der Last des Bösen und gib uns Kraft zum Guten, damit wir dir folgen und in Freude deinen Willen tun durch Christus, unseren Herrn.

A: Amen.

𝄞 **Gloria**

An Sonntagen außerhalb der geprägten Zeiten, an Hochfesten und Festen folgt an dieser Stelle das Gloria. Als Gloriagesang eignet sich: Ich lobe meinen Gott, der aus der Tiefe mich holt, oder: Gloria in excelsis Deo, oder: Die Sonne hoch am Himmelszelt.

Tagesgebet

Da eine Sonntagsmesse eine reguläre Messe der Gemeinde ist, sollte von den vorgegebenen Orationen des Tages nicht ohne besonderen Grund abgewichen werden.

Lesung(en)

Da eine Sonntagsmesse eine reguläre Messe der Gemeinde ist, sollte von den vorgegebenen Lesungen des Tages nicht ohne besonderen Grund abgewichen werden.

𝄞 **Antwortgesang:** Gottes Wort ist wie Licht in der Nacht,
oder: Du, Herr, gabst uns dein festes Wort,
oder: Der Chaos schuf zu Menschenland

𝄞 **Halleluja-Ruf**

Es eignen sich Halleluja-Lieder oder ein Halleluja-Ruf, der im Wechsel von Vorsänger/-in und Gemeinde gesungen wird (sehr gebräuchlich sind etwa GL 530,7 oder 531,5). In der Fastenzeit entfällt der Halleluja-Ruf.

Evangelium

Da eine Sonntagsmesse eine reguläre Messe der Gemeinde ist, sollte von dem für den Tag vorgesehenen Evangeliumstext nicht ohne besonderen Grund abgewichen werden.

Predigt oder Katechese

Heiligenlitanei

L: Heilige sind Frauen und Männer, die in ganz besonderer Weise aus dem Glauben an unseren Herrn Jesus Christus gelebt haben. Sie sind uns auch heute noch Vorbilder für unseren Glauben. Heilige, so glauben wir, sind Gott ganz nah. Sie sind bereits jetzt in seinem Reich und können Fürsprache für uns und unsere Anliegen bei Gott halten.

Hier kann es sinnvoll sein, kurz etwas zur Namenspatronin/zum Namenspatron des Kindes zu sagen, das in der Messfeier getauft wird (vgl. die Hinweise unter Kap. 3, S. 83).

✎ *Baustein »Heiligenlitanei« (S. 67f.)*

Fürbitten

✎ *Baustein »Fürbitten« (S. 68)*

Gebet um Schutz vor dem Bösen

L: Herr, guter Gott.
Du hast deinen Sohn in die Welt gesandt,
um durch ihn die Menschen von allem Bösen und aller Schuld zu befreien
und ihnen die Freiheit der Kinder Gottes zu schenken.

Wir bitten dich für dieses Kind,
dass du alles von ihm fern hältst,
was schädlich und unmenschlich ist.
Verschone es vor allem, was es zum Bösen verleiten will,
und mach es stark in seinem Bemühen, das Gute zu tun.
Halte deine schützende Hand über es.
Dein Heiliger Geist begleite es auf allen Wegen seines Lebens.
Darum bitten wir dich,
der du lebst und regierst in alle Ewigkeit.

A: Amen.

Handauflegung

L: Es stärke und schütze dich
die Kraft Jesu Christi, unseres Erlösers,
der lebt und regiert in alle Ewigkeit.

A: Amen.

L legt dem Kind schweigend die Hände auf.

Taufwasserweihe/Lobpreis über dem Wasser

✎ *Baustein »Taufwassergebete« (S. 69ff.)*

Absage und Glaubensbekenntnis

✎ *Baustein »Taufbekenntnis« (S. 72f.)*

L: Das ist der Glaube der Kirche, die unserem Herrn Jesus Christus nachfolgt. Er ist es, auf den wir vertrauen und dem wir N. anvertrauen. Zu ihm bekennen wir uns, heute und unser Leben lang.

 A: Amen.

Taufe

Baustein »Taufspendung« (S. 74)

Akklamation der Gemeinde

Alle singen ein Danklied, etwa: Nun danket alle Gott, oder: Ein Danklied sei dem Herrn, oder: Das ist der Tag, den Gott gemacht, oder: Fest soll mein Taufbund immer stehen.

Außerhalb der geprägten Zeiten eignet sich an dieser Stelle auch ein Halleluja-Ruf (z. B. GL 530,7 oder 531,5) oder ein Halleluja-Lied.

Chrisamsalbung

L: Zur Zeit Jesu wurden nur ganz wichtige Menschen mit wertvollem Öl, dem Chrisam, gesalbt. Dazu gehörten zum Beispiel Könige. Christus ist der Gesalbte; er ist König, Hohepriester, Prophet. Auch N. wird nun mit Chrisam gesalbt, denn sie/er gehört zu Jesus und hat Anteil am Priestertum der Kirche.

Baustein »Chrisamsalbung« (S. 74)

L salbt das Kind mit Chrisam.

Bekleidung mit dem Taufgewand

Bei der Vorbereitung ist darauf zu achten, dass das Kind das weiße Gewand nicht schon gleich zu Beginn des Gottesdienstes trägt. Es ist ein Zeichen für das neue Leben in Jesus Christus, das es durch die Taufe geschenkt bekommt.

L: Gott sagt Ja zu N.; er will, dass sie/er ein gelingendes Leben führt und einmal die Vollendung erlangt. Der Apostel

Paulus schreibt einmal, dass alle, die getauft sind, Jesus als Gewand angezogen haben. Er will damit sagen: Jesus ist immer bei euch; so nahe wie die Kleidung am Körper. So beten wir:

✎ *Baustein »Überreichung des Taufgewandes« (S. 75)*

Eine Patin/ein Pate oder ein Elternteil zieht dem Kind das Gewand an.

Übergabe der brennenden Taufkerze

Die Taufkerze wird an der Osterkerze entzündet. Dies kann ein Elternteil oder eine Patin/ein Pate tun.

L: Auf der Osterkerze ist ein Kreuz abgebildet und es finden sich die griechischen Buchstaben A und Ω-Zeichen für Anfang und Ende. Jesus ist für uns gestorben, das zeigt das Kreuz. Und er ist auferstanden, das zeigt das brennende Licht, das Lebenslicht. N. hat Anteil an diesem Licht des Lebens. Es sagt ihr/ihm: Dir schenkt Jesus ewiges Leben! Auch du wirst auferstehen!

✎ *Baustein »Wort an die Patinnen und Paten« (S. 75)*

Hiernach kann das Licht weitergegeben werden: Entweder erhalten alle eine Vigilienkerze oder sie entzünden ihre eigene Taufkerze. Letzteres ist ein besonders sprechendes Zeichen, da dadurch die Gemeinschaft der Getauften sehr deutlich wird (beim Taufgespräch sollte dies angesprochen werden). Die Taufkerzen können je nach Möglichkeit auf dem Taufbecken, davor oder ringsherum aufgesteckt werden.

Effata-Ritus

Nach diesen ausdeutenden Riten kann der Effata-Ritus eingefügt werden. Er verdeutlicht, dass der Mensch von Gott in den Glauben ge-rufen und zur Verkündigung be-rufen ist. Dies zu betonen wirkt der häufig anzutreffenden Meinung entgegen, der Glaube sei vor allem Privatsache. Um zu zeigen, dass die Taufe auch das Hören und Weitersagen des Wortes Gottes bedeutet, kann der Effata-Ritus am Ambo vollzogen werden.

L: Alle Menschen, die an Christus glauben, haben ihren Glauben von Gott geschenkt bekommen. Oft waren es Botinnen und Boten, die ihnen diesen Glauben gebracht haben: Menschen, die von ihrem Glauben erzählten und danach lebten. Bitten wir unseren Herrn, dass er die Ohren und den Mund von N. öffne, damit sie/er den Glauben höre und weitersage.

✐ *Baustein »Effata-Ritus« (S. 75f.)*

Danach setzen sich alle auf ihre Plätze.

Einleitungstext zur Eucharistiefeier

Die Eucharistiefeier ist das Abendmahl der Gemeinde, die sich um den Tisch des Herrn versammelt. Gott ist im Sakrament von Wein und Brot anwesend. Gerade vor dem Hintergrund, dass bei Taufgottesdiensten oft mit der Liturgie und religiösen Praxis weniger vertraute Menschen anwesend sind, empfiehlt sich folgender Einleitungstext zur Eucharistie.

L: Schwestern und Brüder sind wir, weil wir einen gemeinsamen Gott haben, den wir Vater nennen können.

Schwestern und Brüder sind wir, weil uns Jesus Christus als Sohn Gottes zum Bruder und Freund wurde.
Schwestern und Brüder sind wir, weil der Heilige Geist in unserer Mitte ist: der Geist von Gottes Liebe, der Geist der Stärke und der Freude, der Geist der Hoffnung und des Lebens.
Als Schwestern und Brüder versammeln wir uns um den Tisch des Herrn. So nennen wir den Altar, weil uns unser Herr Jesus Christus in den Zeichen von Wein und Brot leibhaftig begegnet.
Im Sakrament der Taufe hat uns der Herr gesagt: Ich lasse dich nicht allein! Ganz konkret konnten wir das bei der Taufe von N. erleben. Im Sakrament von Wein und Brot sagt uns der Herr: Ich bin bei dir!

Schlussgebet

Da eine Sonntagsmesse eine reguläre Messe der Gemeinde ist, sollte von den Orationen des Tages nicht ohne Grund abgewichen werden. Die Schlussoration bringt in der Regel Dank für den Empfang der eucharistischen Gaben und für Gottes liebendes Geleit durch das Leben zum Ausdruck. Gottes liebende Gegenwart wurde in der Taufe in besonderer Form deutlich. Daher kann auch das folgende Schlussgebet sinnvoll sein.

L: Gütiger, liebender Gott und Vater.
Du hast deinen Sohn in die Welt gesandt,
um zu zeigen, dass deine Liebe ohne Grenzen ist.
In der Taufe haben wir erfahren,
dass du uns nah bist und deine Freundschaft ewig währt.
Im Sakrament von Wein und Brot
nährst du uns mit der Kraft deiner Gegenwart.

Dafür danken wir dir und bitten dich,
dass du uns stark machst im Glauben,
um das Gute zu tun,
dass du uns stark machst in der Hoffnung,
damit wir in Freude als deine Kinder leben,
und dass du uns stark machst in der Liebe,
die dein Reich bereits in dieser Zeit beginnen lässt.
Darum bitten wir dich durch Jesus Christus.

A: Amen.

Außerhalb der Messfeier

❖ *Zum Bedenken*

Am häufigsten wird die Taufspendung an Säuglinge auch heute noch außerhalb der Messfeier stattfinden. Dafür gibt es gute Gründe: Das Kind ist noch sehr klein, sodass eine Eucharistiefeier einfach noch zu lange dauern würde. Oder die Eltern fühlen sich, gerade wenn sie die Messe nicht regelmäßig mitfeiern, einfach unwohl und ›vorgeführt‹. Der am häufigsten anzutreffende Grund ist jedoch, dass die Familie die Taufe als eine Familienfeier betrachtet. Dies ist auf der einen Seite eine berechtigte Bewertung: Das Kind wird getauft; die Familie ist zu Gast, und die anschließende Feier findet im Kreis der Verwandten und eng Befreundeten statt. Auf der anderen Seite beachtet diese Wertung nicht die Dimension der Taufe als Aufnahme des Kindes in die Gemeinde. Wie soll eine Aufnahme in die Gemeinde erfahrbar werden, wenn keine Gemeinde anwesend ist?

Beim Taufgespräch kann darauf hingewiesen werden, dass die Taufe auch die Aufnahme in die Gemeinde bedeutet. Wenn die Gemeinde dem neuen Mitglied und dessen Familie signalisiert, dass sie sich darüber freut, können zuweilen Hemmungen und Sperren beseitigt werden. Sollte aber die Taufe innerhalb der Eucharistiefeier dennoch nicht erwünscht sein, dann kann die Aufnahme in die Gemeinde auch dadurch erfahrbar gemacht werden, dass einige Gemeindemitglieder den Taufgottesdienst außerhalb der Messe mitfeiern. Möglich sind auch Zeichen des Willkommens, die individuell gestaltet werden können. Zum Beispiel könnte ein Bastelkreis der Gemeinde die Taufkerze gestalten, die Familie ein kleines Tauferinnerungsbuch mit einem Gruß des Pfarrgemeinderates geschenkt bekommen, das Kind ein kleines Kreuz für das Kinderzimmer oder ein Bild von seiner Taufkirche erhalten ...

Gestaltung des Taufgottesdienstes

Sollte eine separate »Feier des Eingangs« stattgefunden haben, entfallen hier diejenigen Elemente der Tauffeier, die dort bereits enthalten waren.

Eröffnung

Die Familien finden sich mit den Kindern, die getauft werden sollen, am Kirchenportal ein. Dort begrüßt L die Eltern, Patinnen und Paten und die anderen Anwesenden, wenn möglich mit Namen.

L: Im Namen des Vaters und des Sohnes und des Heiligen Geistes.

A: Amen.

L: Jeder Mensch ist einmalig. Niemanden gibt es noch einmal auf dieser Erde. Daher hat jeder Mensch auch seinen eigenen Namen. Sie, die Eltern, haben einen Namen für Ihr Kind ausgesucht, und dieser Name wird Ihr Kind durch sein Leben begleiten.

✏ *Baustein »Namensgebung« (mit jedem Elternpaar) (S. 67)*

Hier besteht die Gelegenheit, etwas zur Bedeutung der Namenspatrone zu sagen. Dies ist allerdings nicht bei allen Namen möglich. Eine schöne Geste ist es, den Eltern und Paten/Patinnen einen kurzen Text über die Namenspatronin/den Namenspatron ihres Kindes zu überreichen (vgl. die Hinweise unter Kap. 3, S. 83).

Fragen an die Eltern, Patinnen und Paten

L: Liebe Eltern. Sie möchten, dass Ihre Kinder getauft werden.
Dazu gehört die Bereitschaft, Ihre Kinder im Glauben zu erziehen und zu begleiten. Dazu gehört, dass Sie mit Ihren Kindern beten und ihnen dabei helfen, in die Kirche hineinzuwachsen.
Sie sollen Ihre Kinder in ein Leben einführen, das von der Liebe zu Gott und den Nächsten durchdrungen ist, so wie es Jesus uns vorgelebt hat.
Sind Sie dazu bereit?

Eltern: Ich bin bereit.

L: Liebe Patinnen und Paten. Die Eltern dieser Kinder haben Sie gebeten, das Patenamt zu übernehmen. Dazu gehört die Bereitschaft, die Kinder auf dem Weg durch ihr Leben zu begleiten, sie im Glauben zu stärken und ihnen dabei

zu helfen, in die Kirche hineinzuwachsen.
Sind Sie dazu bereit?

Paten/Patinnen: Ich bin bereit.

L: Schwestern und Brüder, heute haben die Eltern um die Taufe ihrer Kinder gebeten. Wenn diese Kinder größer werden, sollen sie einmal selbst auf den Ruf Jesu Christi in seine Nachfolge antworten. Dazu brauchen sie Begleiterinnen und Begleiter. Dies sind ihre Patinnen und Paten, aber auch andere Menschen, die ihnen auf dem Lebensweg begegnen. Wir alle, die wir Kirche sind, sind dazu berufen, Gottes Wort durch unser Zeugnis und unser Leben zu verkünden. Dabei helfe uns allen der Heilige Geist, in dem unser Herr in seiner Schöpfung stets anwesend ist.

A: Amen.

Bezeichnung mit dem Kreuz

L: Mit großer Freude heiße ich dich, N., und dich, N., in der Gemeinschaft der Kirche willkommen. Das Kreuz ist das Zeichen unserer Erlösung. Weil unser Herr auch euch erlöst hat, bezeichne ich euch mit dem Kreuz.

L bezeichnet die Kinder, die getauft werden sollen, mit dem Kreuz.
Möglich ist auch folgender Ritus:

L: Ich bezeichne deine *Augen* mit dem Kreuz,
damit du sehen lernst, was Jesus tut.
Ich bezeichne deine *Ohren* mit dem Kreuz,
damit du hörst, was Jesus sagt.
Ich bezeichne deinen *Mund* mit dem Kreuz,
damit du dem Ruf Jesu antwortest.

Ich bezeichne deine *Hände* mit dem Kreuz,
damit du tust, was Jesus lehrt.
Auch eure Eltern, Patinnen und Paten bezeichnen euch mit dem Kreuz.

Die Eltern und Paten/Patinnen bezeichnen die Täuflinge mit dem Kreuz. Sind Geschwister anwesend, können auch sie dies tun.

Gebet

Dieses Gebet entfällt, wenn eine »Feier des Eingangs« stattgefunden hat.

L: Guter Gott, du hast deinen Sohn Jesus Christus in die Welt gesandt, damit er allen Menschen die Frohe Botschaft von deiner Liebe verkündet und alle, die an dich glauben, in deiner Kirche versammelt.
Öffne für N. und N. die Tür in deine heilige Gemeinde, zu der wir durch unseren Glauben und durch die Taufe eingetreten sind.
Mache uns stark im Glauben und schenke uns Mut und Kraft, damit wir mit deiner Hilfe den Weg des Glaubens durch unser Leben gehen, durch Jesus Christus, deinen Sohn, der mit dir und dem Heiligen Geist lebt und regiert heute und in Ewigkeit.

A: Amen.

Einzug

Alle ziehen nun in die Kirche ein und setzen sich. Günstig ist es, wenn alle Mitfeiernden nahe beieinander Platz finden. Währenddessen kann ein Lied gesungen werden: 𝄞 Gott ruft sein Volk zusammen, oder: Komm her, freu dich mit uns.

Lesung(en)

Für den Taufgottesdienst ist mindestens eine biblische Lesung vorgesehen. Eine Auswahl findet sich im Messlektionar, Bd. VII.

Predigt oder Katechese

Heiligenlitanei

L: Heilige sind Frauen und Männer, die in ganz besonderer Weise aus dem Glauben an unseren Herrn Jesus Christus gelebt haben. Sie sind uns auch heute noch Vorbilder für unseren Glauben. Heilige, so glauben wir, sind Gott ganz nah. Sie sind bereits jetzt in seinem Reich und können Fürsprache für uns und unsere Anliegen bei Gott halten.

Wenn dies nicht schon bei der Erfragung des Namens der Kinder geschehen ist, sollte hier kurz etwas zu den Namenspatronen/Namenspatroninnen der Kinder gesagt werden (vgl. Kap. 3, S. 83).

✎ *Baustein »Heiligenlitanei« (S. 67)*

Fürbitten

✎ *Baustein »Fürbitten« (S. 68)*

Gebet um Schutz vor dem Bösen

L: Herr, guter Gott.
Du hast deinen Sohn in die Welt gesandt,
um durch ihn die Menschen von allem Bösen und aller Schuld zu befreien
und ihnen die Freiheit der Kinder Gottes zu schenken.
Wir bitten dich für diese Kinder,

dass du von ihnen alles fern hältst,
was schädlich und unmenschlich ist.
Verschone sie vor allem,
was sie zum Bösen verleiten will,
und mach sie stark in ihrem Bemühen, das Gute zu tun.
Halte deine schützende Hand über sie.
Dein Heiliger Geist begleite sie
auf allen Wegen ihres Lebens.
Darum bitten wir dich,
der du lebst und regierst in alle Ewigkeit.

A: Amen.

Handauflegung

L: Es stärke und schütze euch
die Kraft Jesu Christi, unseres Erlösers,
der lebt und regiert in alle Ewigkeit.

A: Amen.

L legt jedem Kind schweigend die Hände auf.
Danach begeben sich alle zum Taufort. Währenddessen kann etwa folgendes Lied gesungen werden: Eingeladen zum Fest des Glaubens.

Taufwasserweihe/Lobpreis über dem Wasser

✐ *Baustein »Taufwassergebete« (S. 69ff.)*

Absage und Glaubensbekenntnis

✐ *Baustein »Taufbekenntnis« (S. 72f.)*

L: Das ist der Glaube der Kirche, die unserem Herrn Jesus Christus nachfolgt. Er ist es, auf den wir vertrauen und dem wir N. und N. anvertrauen. Zu ihm bekennen wir uns, heute und unser Leben lang.

A: Amen.

Taufe

✐ *Baustein »Taufspendung« (mit jedem der Kinder) (S. 74)*

Akklamation der Gemeinde

Alle singen ein Danklied, etwa: Fest soll mein Taufbund immer stehen. Außerhalb der geprägten Zeiten eignet sich an dieser Stelle auch ein Halleluja-Ruf (z. B. GL 530,7 oder 531,5) oder ein Halleluja-Lied.

Chrisamsalbung

L: Zur Zeit Jesu wurden nur ganz wichtige Menschen mit wertvollem Öl, dem Chrisam, gesalbt. Dazu gehörten zum Beispiel Könige. Christus ist der Gesalbte; er ist König, Hohepriester, Prophet. Auch N. und N. werden nun mit Chrisam gesalbt, denn sie gehören zu Jesus und haben Anteil am Priestertum der Kirche.

✐ *Baustein »Chrisamsalbung« (S. 74)*

L salbt die Kinder mit Chrisam.

Bekleidung mit dem Taufgewand

Bei der Vorbereitung ist darauf zu achten, dass die Kinder das weiße Gewand nicht schon gleich zu Beginn des Gottesdienstes tragen. Es ist ein Zeichen für das neue Leben in Jesus Christus, das sie durch die Taufe geschenkt bekommen.

L: Gott sagt Ja zu N. und N.; er will, dass sie ein gelingendes Leben führen und einmal die Vollendung erlangen. Der Apostel Paulus schreibt einmal, dass alle, die getauft sind, Jesus als Gewand angezogen haben. Er will damit sagen: Jesus ist immer bei euch; so nahe wie die Kleidung am Körper. So beten wir:

✏ *Baustein »Überreichung des Taufgewandes« (S. 75)*

Eine Patin/ein Pate oder ein Elternteil zieht dem Kind das Gewand an.

Übergabe der brennenden Taufkerze

Die Taufkerzen werden an der Osterkerze entzündet. Dies kann jeweils ein Elternteil oder eine Patin/ein Pate tun.

L: Auf der Osterkerze ist ein Kreuz abgebildet und es finden sich die griechischen Buchstaben A und Ω, Zeichen für Anfang und Ende. Jesus ist für uns gestorben, das zeigt das Kreuz. Und er ist auferstanden, das zeigt das brennende Licht, das Lebenslicht. N. und N. haben Anteil an diesem Licht des Lebens. Es sagt ihnen: Dir schenkt Jesus ewiges Leben! Auch du wirst auferstehen!

✏ *Baustein »Wort an die Patinnen und Paten« (S. 75)*

Hiernach kann das Licht weitergegeben werden: Entweder erhalten alle eine Vigilienkerze oder sie entzünden ihre eigene Taufkerze. Letzteres ist ein besonders sprechendes Zeichen, da dadurch die Gemeinschaft der Getauften sehr deutlich wird. Die Taufkerzen können je nach Möglichkeit auf dem Taufbecken, davor oder ringsherum aufgesteckt werden.

Effata-Ritus

Nach diesen ausdeutenden Riten kann der Effata-Ritus eingefügt werden. Er verdeutlicht, dass der Mensch von Gott in den Glauben ge-rufen und zur Verkündigung be-rufen ist. Dies zu betonen wirkt der häufig anzutreffenden Meinung entgegen, der Glaube sei vor allem Privatsache.
Um zu zeigen, dass die Taufe auch das Hören und Weitersagen des Wortes Gottes bedeutet, kann der Effata-Ritus am Ambo vollzogen werden.

L: Alle Menschen, die an Christus glauben, haben ihren Glauben von Gott geschenkt bekommen. Oft waren es Botinnen und Boten, die ihnen diesen Glauben gebracht haben: Menschen, die von ihrem Glauben erzählten und danach lebten. Bitten wir unseren Herrn, dass er die Ohren und den Mund von N. und N. öffne, damit sie den Glauben hören und weitersagen.

✎ *Baustein »Effata-Ritus« (S. 75f.)*

Danach ziehen alle zum Altarraum. 𝄞 Währenddessen kann ein Lied gesungen werden, etwa:

Effata, öffne dich

2. Wenn deine Augen offen sind ...
3. Wenn deine Hände offen sind ...
4. Wenn du dein Herz (Haus) geöffnet hast ...
5. Wenn du dich ganz geöffnet hast ...

Text und Melodie: Franz Kett. Aus: Religionspädagogische Praxis. Handreichung für elementare Religionspädagogik, 1987. Nr. IV. Alle Rechte bei RPA Verlag, Landshut

Vaterunser

L: Schwestern und Brüder,
diese Kinder sind durch die Taufe Kinder Gottes geworden.
Wenn sie als junge Erwachsene gefirmt werden,
werden sie selbst ihren Glauben bekennen
und die Fülle des Heiligen Geistes empfangen.
Sie werden an den Altar, den Tisch des Herrn, herantreten
und die heilige Kommunion empfangen.
Alle, die wir zu Gott gehören,
sind seine Söhne und Töchter.
In diesem Glauben beten wir,
wie der Herr uns selbst zu beten gelehrt hat.

Gemeinsam sprechen alle das Vaterunser.

Schlussgebet und Segen

L: Gütiger, liebender Gott und Vater.
Du hast deinen Sohn in die Welt gesandt,
um zu zeigen, dass deine Liebe ohne Grenzen ist.
In der Taufe haben wir erfahren,
dass du uns nah bist und deine Freundschaft ewig währt.
Dafür danken wir dir und bitten dich,
dass du uns stark machst im Glauben,
um das Gute zu tun,
dass du uns stark machst in der Hoffnung,
damit wir in Freude als deine Kinder leben,
und dass du uns stark machst in der Liebe,
die dein Reich bereits in dieser Zeit beginnen lässt.
Darum bitten wir dich durch Jesus Christus.

A: Amen.

L: Der allmächtige Gott
segne und behüte euch.
Er begleite N. und N. auf ihren Lebenswegen.
Er schenke ihren Eltern die Kraft, ihre Kinder im Glauben zu erziehen,
und den Patinnen und Paten die Geduld, sie im Glauben zu begleiten.
Er schenke uns allen seinen reichen Segen,
der uns in der Freude der Kinder Gottes Kirche sein lässt.
Allen, die wir hier in seinem Namen beieinander sind,
schenke er seinen Frieden
in Jesus Christus, unserem Herrn.

A: Amen.

L: Euch alle segne der allmächtige Gott,
der Vater, der Sohn und der Heilige Geist.

A: Amen.

L: Gehet hin in Frieden.

A: Dank sei Gott dem Herrn.

𝄞 **Lied:** Nun danket alle Gott, oder: Ein Danklied sei dem Herrn, oder: Das ist der Tag, den Gott gemacht

Bausteine für die Beteiligung von (Geschwister-)Kindern

Gerade für Geschwisterkinder ist es schwierig zu erleben, dass sich alles um die kleine Schwester oder den kleinen Bruder dreht. So kann es geschehen, dass sie sich an den Rand gedrängt fühlen. Eltern und Paten/Patinnen haben wichtige Funktionen im Rahmen der Taufliturgie. Aber auch die großen Geschwister und auch andere Kinder (Cousinen und Cousins, Freundinnen und Freunde usw.) können beteiligt werden:

- Sie helfen im Vorfeld bei der Vorbereitung des Gottesdienstes mit: Sie schmücken den Taufort, helfen bei der Gestaltung der Taufkerze mit ...
- Sie tragen zur musikalischen Gestaltung des Gottesdienstes bei: Sie singen ein Lied, spielen auf der Blockflöte ...
- Sie werden für kleine Handreichungen während der Liturgie herangezogen: Sie halten während des Taufritus das Handtuch; sie halten für den Taufenden das Chrisam-Gefäß; sie reichen das Taufgewand an ...
- Sie machen dem Baby ein Kreuz auf die Stirn.
- Sie bringen ihre eigene Taufkerze mit und entzünden sie an der Osterkerze.

Neben diesen praktischen Elementen ist eine weitere Möglichkeit der Beteiligung, im Rahmen der Begrüßung oder der Katechese die eigene Taufe der anwesenden ›großen‹ Kinder zu thematisieren: Sie gehören bereits dazu – und in den Kreis aller Getauften wird nun ein neues Kind aufgenommen. Dadurch wird noch einmal verdeutlicht, dass die Taufe die Aufnahme in die Gemeinde, in die Gemeinschaft der Kirche bedeutet.

Für die Taufe von Kindern im Kindergartenalter kann der normale Kindertaufordo nicht ohne Veränderungen angewandt werden. Das hat elementare Gründe: Das Kind hat bereits seit Jahren einen Namen – die Frage an die Eltern nach der Namensgebung hätte hier also keinen Sinn mehr; und die Fragen nach dem Glauben betreffen nicht mehr allein Eltern und Paten/Patinnen, sondern auch das Kind. Dennoch: Ein Kindergartenkind ist ein Kind, das seine Religiosität kindlich (er-)lebt. Auch dem muss Rechnung getragen werden. Die Entwürfe für Taufgottesdienste von Kindern in diesem Alter sind daher möglichst kindgemäß gestaltet. Es ist vorausgesetzt, dass die Kinder altersgemäß auf ihre Taufe vorbereitet worden sind.

Innerhalb der Messfeier

Zum Bedenken

Die Taufe von Kindern im Kindergartenalter bietet sich vor allem innerhalb eines Familiengottesdienstes an. In einer solchen Feier kommt in besonderer Weise zum Ausdruck, dass das neu getaufte Kind in die Gemeinde aufgenommen wird. Vielen Kindern im Kindergartenalter ist die Feier der Eucharistie jedoch nicht vertraut, gerade auch, da sie die heilige Kommunion selbst nicht empfangen dürfen. So ist im jeweiligen Einzelfall zu prüfen, ob eine Taufe in der Messfeier oder in einem anderen Gottesdienst angeraten ist.

Ein Familiengottesdienst steht in der Spannung, einerseits für kleine Kinder verständlich und andererseits auch für größere Kinder und Erwachsene angemessen zu sein. Zudem ist die Auswahl der Lesungstexte festgelegt. Vorliegender Entwurf versucht die verschiedenen Bedürfnisse der Gottesdienstgemeinde ernst zu nehmen.

❖ *Gestaltung der Messfeier mit Taufe*

Einzug

Zum Einzug wird ein Lied gesungen, zum Beispiel: Singt dem Herrn alle Völker und Rassen, oder: Lieber Gott, ich bin hier

Eröffnung

L: Im Namen des Vaters und des Sohnes und des Heiligen Geistes.

A: Amen.

L: Gnade und Friede von Gott, dem Vater, und unserem Herrn Jesus Christus sei mit euch.

A: Und mit deinem Geiste.

L: Schwestern und Brüder, liebe Mädchen und Jungen. Wir sind hier zusammen, weil wir etwas zu feiern haben. Unser Herr ist mitten unter uns. Jesus Christus, unser Freund, ruft uns zusammen, damit wir miteinander beten, singen, sein Wort in der Bibel hören und ihm in Wein und Brot begegnen.
Heute werden *(L nennt die Anzahl)* Kinder seine Gegenwart in ganz besonderer Weise erfahren. Sie haben sich über *(L nennt die Anzahl)* Wochen unter der Begleitung von N.

vorbereitet und werden heute getauft. *(L fügt eine kurze Skizze aus der Zeit der Vorbereitung ein und berichtet von den liturgischen Feiern aus der Zeit der Vorbereitung.)* Sie sind nicht allein da – ihre Eltern, Patinnen und Paten, Geschwister und Verwandten *(L kann diese Aufzählung noch ergänzen)* sind da. Und die ganze Gemeinde ist da. Wir alle, liebe/lieber N. und N., sagen euch: »Herzlich willkommen in unserer Gemeinde. Wir freuen uns, dass ihr bei uns seid!«

Kyrie

L: Gott kennt uns ganz. Er kennt alles, was wir gut können und was wir schlecht können. Er weiß auch, dass wir manchmal böse zueinander sind, auch wenn wir wissen, dass das nicht gut ist. Zu ihm rufen wir:

𝄞 *Das Kyrie wird gemeinsam gesungen, es eignen sich folgende Lieder: Ohren gabst du mir, Hören fällt mir schwer, oder: Kyrie (aus Taizé), oder: Meine engen Grenzen.*

L: Guter Gott, du bist unser Freund. Du verzeihst uns, was wir an Bösem getan haben. In deiner Liebe begleitest du uns durch das Leben und führst uns zum ewigen Ziel.

A: Amen.

Gloria

𝄞 *Gesungen wird einer der folgenden Gloriagesänge: Lasst uns miteinander, oder: Ich lobe meinen Gott, der aus der Tiefe mich holt.*

Tagesgebet

Lesung

Antwortgesang
Hier eignen sich zum Beispiel die Lieder: Gottes Wort ist wie Licht in der Nacht, oder: Gottes Liebe ist wie die Sonne.

Evangelium

Homilie

Fürbitten
Baustein »Fürbitten« (S. 68)

Taufwasserweihe/Lobpreis über dem Wasser
Die Kinder, die getauft werden, ziehen zusammen mit dem Priester, den Eltern, Paten/Patinnen und Geschwistern zum Taufort.

L: Liebe/Lieber N. und N., hier werdet ihr gleich die Taufe empfangen.

Baustein »Taufwassergebete«

Außerhalb der Osterzeit leitet der Priester das Taufwasserweihegebet ein mit den Worten:

L: Bitten wir nun Gott, dass er das Wasser, mit dem ihr gleich getauft werdet, segne.

Taufbekenntnis

L: Liebe Kinder, liebe Eltern, liebe Patinnen und Paten.
In der Taufe wird das große Ja, das Gott zu uns Menschen sagt, deutlich. Ihr, liebe/lieber N. und N. erfahrt: Jesus ist euer Freund, das ganze Leben lang.
Weil er zu uns Ja sagt, sagen auch wir Ja zu ihm und Nein zu allem Bösen.
Wir tun das, indem wir unseren Glauben bekennen.
Deswegen frage ich nun euch, liebe/lieber N. und N.:
Sagt ihr Nein zu allem Bösen,
damit ihr in Freiheit als Kinder Gottes leben könnt?

Kinder, Eltern und Paten/Patinnen: Dazu sage ich Nein.

L: Sagt ihr Nein zu allem, was euch zum Bösen verführt, um euch zu einem Leben in Rücksichtslosigkeit und Lieblosigkeit zu verleiten?

Kinder, Eltern und Paten/Patinnen: Dazu sage ich Nein.

L: Glaubt ihr an Gott, den Vater, den Allmächtigen,
der die Welt und alles Leben geschaffen hat?

Kinder, Eltern und Paten/Patinnen: Ich glaube.

L: Glaubt ihr an Jesus Christus, seinen einzigen Sohn,
an ihn, der von der Jungfrau Maria geboren wurde,
am Kreuz für uns starb und begraben wurde,
von den Toten auferstand
und nun bei Gott, dem Vater, im Himmel ist?

Kinder, Eltern und Paten/Patinnen: Ich glaube.

L: Glaubt ihr an den Heiligen Geist, der immer bei uns ist,
die heilige katholische Kirche,
die Gemeinschaft der Heiligen,
die Vergebung der Sünden,
die Auferstehung der Toten und das ewige Leben?

Kinder, Eltern und Paten/Patinnen: Ich glaube.

L: Das ist unser christlicher Glaube: der Glaube der Kirche, zu dem wir uns alle in Jesus Christus bekennen.

Bezeichnung mit dem Kreuz

L: Eure Eltern, Patinnen und Paten, Katechetinnen und Katecheten sind bei euch. Sie lassen euch nicht allein, wenn ihr durch das Leben geht. Auch sie vertrauen darauf, dass Gott euch liebt. Als Zeichen, dass ihr Gott anvertraut seid, zeichnen sie euch nun ein Kreuz auf die Stirn.

Die Kinder werden mit dem Kreuz bezeichnet.

Taufe

L: Sie haben und ihr habt euch eben zum Glauben an den dreifaltigen Gott bekannt. In diesem Glauben empfangen nun N. und N. die Taufe.

Der Priester tauft die Kinder einzeln. Dazu ruft er jedes Kind zusammen mit seinen Eltern und Paten/Patinnen auf und tritt mit ihnen an den Taufort heran.

L: N., ich taufe dich im Namen des Vaters und des Sohnes und des Heiligen Geistes.

Chrisamsalbung

L: Nachdem ihr die Taufe empfangen habt, erhaltet ihr nun die Chrisamsalbung. Chrisam ist ein Zeichen, dass ihr nun zu *Christus, dem Gesalbten,* gehört.

Der Priester salbt die Kinder mit Chrisam.

Überreichen des Taufgewandes

L: Zu neuem Leben seid ihr berufen. Nichts gibt es mehr, das euch von Jesus trennt.
Als Zeichen dafür werdet ihr nun mit dem weißen Taufgewand bekleidet.

Ein Elternteil zieht dem neu getauften Kind das Taufgewand an.

Übergabe der Taufkerze

L: In Jesus Christus ist euch neues Leben geschenkt. So, wie das Licht der Osterkerze sagt, dass Jesus zu ewigem Leben auferweckt wurde, so sagt das Licht eurer Taufkerzen, das ihr von seinem Licht erhaltet: Auch euch schenkt Gott das ewige Leben.

Jeweils eine Patin/ein Pate tritt nach vorn, entzündet die Taufkerze an der Osterkerze und reicht sie dem Kind.
Ein schönes und aussagereiches Zeichen ist es, wenn die Eltern, Patinnen und Paten, Geschwister, Angehörigen (und die anderen Kinder) ihre eigenen Taufkerzen mitbringen und diese nun entzündet werden. So kann deutlich werden: Das Kind, das getauft worden ist, ist nicht allein. Das Licht des österlichen Lebens leuchtet in Gemeinschaft mit anderen. Dies kann vermitteln: »Du gehörst dazu!«

𝄞 **Danklied:** Nun danket alle Gott

Eucharistiefeier

Schlussgebet

Da eine Sonntagsmesse eine reguläre Messe der Gemeinde ist, sollte von den Orationen des Tages nicht ohne Grund abgewichen werden. Die Schlussoration bringt in der Regel Dank für den Empfang der eucharistischen Gaben und für Gottes liebendes Geleit durch das Leben zum Ausdruck. Seine liebende Gegenwart wurde in der Taufe in besonderer Form deutlich. Daher kann auch das folgende Schlussgebet sinnvoll sein:

L: Gütiger, liebender Gott und Vater.
Du hast deinen Sohn in die Welt gesandt,
um zu zeigen, dass deine Liebe ohne Grenzen ist.
In der Taufe haben wir erfahren,
dass du uns nah bist und deine Freundschaft ewig währt.
Im Sakrament von Wein und Brot
nährst du uns mit der Kraft deiner Gegenwart.
Dafür danken wir dir und bitten dich,
dass du uns stark machst im Glauben,
um das Gute zu tun,
dass du uns stark machst in der Hoffnung,
damit wir in Freude als deine Kinder leben,
und dass du uns stark machst in der Liebe,
die dein Reich bereits in dieser Zeit beginnen lässt.
Darum bitten wir dich durch Jesus Christus.
A: Amen.

Segen

𝄞 Auszug

Zum Auszug eignen sich folgende Lieder: Ein Danklied sei dem Herrn, oder: Das ist der Tag, den Gott gemacht.

Außerhalb der Messfeier

❖ *Zum Bedenken*

Häufig werden praktische Gründe eine Taufe außerhalb der Messfeier nahe legen. Allein die Tatsache, dass der zeitliche Rahmen einer Messfeier für kleinere Kinder noch recht belastend ist, kann dafür sprechen. Jedoch ist es ratsam, in jedem einzelnen Fall genau zu prüfen, welche Form sinnvoll ist.

❖ *Gestaltung des Taufgottesdienstes*

Einzug

Die Kinder, die getauft werden sollen, ziehen zusammen mit L, ihren Eltern, Patinnen und Paten in die Kirche ein. 𝄞 Zum Einzug eignen sich Lieder wie: Singt dem Herrn alle Völker und Rassen, oder: Lieber Gott, ich bin hier

Eröffnung

L: Im Namen des Vaters und des Sohnes und des Heiligen Geistes.

A: Amen.

L: Gnade und Friede von Gott, dem Vater, und unserem Herrn Jesus Christus sei mit euch.

A: Und mit deinem Geiste.

L: Schwestern und Brüder, liebe Mädchen und Jungen.
Wir sind hier zusammen, weil wir etwas zu feiern haben.
Unser Herr ist mitten unter uns. Jesus Christus, unser

Freund, ruft uns zusammen, damit wir miteinander beten, singen, sein Wort in der Bibel hören und zu seinem Lobe singen.
Heute werden *(L nennt die Anzahl)* Kinder seine Gegenwart in ganz besonderer Weise erfahren. Sie haben sich über *(L nennt die Anzahl)* Wochen unter der Begleitung von N. vorbereitet und werden heute getauft. *(L fügt eine kurze Skizze aus der Zeit der Vorbereitung ein und berichtet von den liturgischen Feiern aus der Zeit der Vorbereitung.)* Sie sind nicht allein da – ihre Eltern, Patinnen und Paten, Geschwister und Verwandten *(L kann diese Aufzählung noch ergänzen)* sind da. Und die Gemeinde ist da. Wir alle, liebe/lieber N. und N., sagen euch: »Herzlich willkommen in unserer Gemeinde. Wir freuen uns, dass ihr bei uns seid!«

Gebet

L: Lieber Gott,
dein Sohn Jesus Christus ist zu uns gekommen,
um allen Menschen zu sagen: Du bist unser Freund.
Alle, die an Jesus glauben, sind eingeladen!
Sie dürfen dazugehören.
Auch N. und N. haben diese Einladung gehört
und sind gekommen.
Mach sie, uns und alle stark,
lass uns dein Wort in der Bibel hören
und schenke uns die Freude am Glauben an dich.
Darum bitten wir dich durch Jesus Christus,
der mit dir und dem Heiligen Geist lebt und regiert
heute und alle Zeit.

A: Amen.

Lesung

Die Lesung kann aus den Auswahltexten (Messlektionar, Bd. VII) gewählt werden. Sinnvoll kann es auch sein, einen biblischen Text zu wählen, der bei der katechetischen Vorbereitung der Kinder eine zentrale Rolle eingenommen hat. In jedem Falle sollte darauf geachtet werden, dass der Text in kindgerechter Form vorgetragen wird.

Katechese

Fürbitten

✎ *Baustein »Fürbitten« (S. 68)*

Taufwasserweihe/Lobpreis über dem Wasser

Die Kinder, die getauft werden, ziehen zusammen mit L, den Eltern, Patinnen, Paten und Geschwistern zum Taufort.

L: Liebe/Lieber N. und N., hier werdet ihr gleich die Taufe empfangen.

✎ *Baustein »Taufwassergebete« (S. 69ff.)*

Außerhalb der Osterzeit leitet L das Taufwasserweihegebet ein mit den Worten:

L: Bitten wir nun Gott, dass er das Wasser, mit dem ihr gleich getauft werdet, segne.

Taufbekenntnis

L: Liebe Kinder, liebe Eltern, liebe Patinnen und Paten. In der Taufe wird das große Ja, das Gott zu uns Menschen

sagt, deutlich. Ihr, liebe/lieber N. und N. erfahrt: Jesus ist euer Freund, das ganze Leben lang.
Weil er zu uns Ja sagt, sagen auch wir Ja zu ihm und Nein zu allem Bösen.
Wir tun das, indem wir unseren Glauben bekennen.
Deswegen frage ich nun euch, liebe/lieber N. und N.:
Sagt ihr Nein zu allem Bösen,
damit ihr in Freiheit als Kinder Gottes leben könnt?

Kinder, Eltern und Paten/Patinnen: Dazu sage ich Nein.

L: Sagt ihr Nein zu allem, was euch zum Bösen verführt,
um euch zu einem Leben in Rücksichtslosigkeit und
Lieblosigkeit zu verleiten?

Kinder, Eltern und Paten/Patinnen: Dazu sage ich Nein.

L: Glaubt ihr an Gott, den Vater, den Allmächtigen,
der die Welt und alles Leben geschaffen hat?

Kinder, Eltern und Paten/Patinnen: Ich glaube.

L: Glaubt ihr an Jesus Christus, seinen einzigen Sohn,
an ihn, der von der Jungfrau Maria geboren wurde,
am Kreuz für uns starb und begraben wurde,
von den Toten auferstand
und nun bei Gott, dem Vater, im Himmel ist?

Kinder, Eltern und Paten/Patinnen: Ich glaube.

L: Glaubt ihr an den Heiligen Geist, der immer bei uns ist,
die heilige katholische Kirche,
die Gemeinschaft der Heiligen,
die Vergebung der Sünden,
die Auferstehung der Toten und das ewige Leben?

Kinder, Eltern und Paten/Patinnen: Ich glaube.

L: Das ist unser christlicher Glaube: der Glaube der Kirche,
zu dem wir uns alle in Jesus Christus bekennen.

Bezeichnung mit dem Kreuz

L: Eure Eltern, Patinnen und Paten, Katechetinnen und Katecheten sind bei euch. Sie lassen euch nicht allein, wenn ihr durch das Leben geht. Auch sie vertrauen darauf, dass Gott euch liebt. Als Zeichen, dass ihr Gott anvertraut seid, zeichnen sie euch nun ein Kreuz auf die Stirn.

Die Kinder werden mit dem Kreuz bezeichnet.

Taufe

L: Wir haben uns zum Glauben an den dreifaltigen Gott bekannt. In diesem Glauben empfangen N. und N. die Taufe.

L tauft die Kinder einzeln. Dazu ruft er jedes Kind zusammen mit seinen Eltern und Paten/Patinnen auf und tritt mit ihnen an den Taufort heran.

L: N., ich taufe dich im Namen des Vaters und des Sohnes und des Heiligen Geistes.

Chrisamsalbung

L: Nachdem ihr die Taufe empfangen habt, erhaltet ihr nun die Chrisamsalbung. Chrisam ist ein Zeichen, dass ihr nun zu *Christus, dem Gesalbten,* gehört.

Der Spender der Taufe salbt die Kinder mit Chrisam.

Überreichen des Taufgewandes

L: Zu neuem Leben seid ihr berufen. Nichts gibt es mehr, das euch von Jesus trennt. Als Zeichen dafür werdet ihr nun mit dem weißen Taufgewand bekleidet.

Ein Elternteil zieht dem neu getauften Kind das Taufgewand an.

Übergabe der Taufkerze

L: In Jesus Christus ist euch neues Leben geschenkt. So, wie das Licht der Osterkerze sagt, dass Jesus zu ewigem Leben auferweckt wurde, so sagt das Licht eurer Taufkerzen, das ihr von seinem Licht erhaltet: Auch euch schenkt Gott das ewige Leben.

Jeweils eine Patin/ein Pate tritt nach vorn, entzündet die Taufkerze an der Osterkerze und reicht sie dem Kind.
Ein schönes und aussagereiches Zeichen ist es, wenn die Eltern, Patinnen und Paten, Geschwister, Angehörigen (und die anderen Kinder) ihre eigenen Taufkerzen mitbringen und diese nun entzündet werden. So kann deutlich werden: Das Kind, das getauft worden ist, ist nicht allein. Das Licht des österlichen Lebens leuchtet in Gemeinschaft mit anderen. Dies kann vermitteln: »Du gehörst dazu!«

𝄞 **Danklied:** Nun danket alle Gott

Schlussgebet und Segen

L: Gütiger, liebender Gott und Vater.
Du hast deinen Sohn in die Welt gesandt,
um zu zeigen, dass deine Liebe ohne Grenzen ist.
In der Taufe haben wir erfahren,
dass du uns nah bist und deine Freundschaft ewig währt.
Dafür danken wir dir und bitten dich,
dass du uns stark machst im Glauben,
um das Gute zu tun,
dass du uns stark machst in der Hoffnung,

damit wir in Freude als deine Kinder leben,
und dass du uns stark machst in der Liebe,
die dein Reich bereits in dieser Zeit beginnen lässt.
Darum bitten wir dich durch Jesus Christus,
der mit dir und dem Heiligen Geist lebt und regiert,
heute und alle Zeit.

A: Amen.

L: Der allmächtige Gott segne und behüte euch.
Er begleite N. und N. auf ihren Lebenswegen.
Er schenke ihren Eltern die Kraft,
ihre Kinder im Glauben zu erziehen,
und den Patinnen und Paten die Geduld,
sie im Glauben zu begleiten.
Er schenke uns allen seinen reichen Segen,
der uns in der Freude der Kinder Gottes Kirche sein lässt.
Allen, die wir hier in seinem Namen beieinander sind,
schenke er seinen Frieden
in Jesus Christus, unserem Herrn.

A: Amen.

L: Euch alle segne der allmächtige Gott,
der Vater, der Sohn und der Heilige Geist.

A: Amen.

L: Gehet hin in Frieden.

A: Dank sei Gott dem Herrn.

𝄞 **Lied:** Ein Danklied sei dem Herrn, oder: Das ist der Tag, den Gott gemacht

Innerhalb eines Kindergartengottesdienstes

In vielen Gemeinden sind regelmäßige Kindergartengottesdienste üblich. Wenn dies der Fall ist, liegt eine Taufe im Kindergartengottesdienst gerade dann nahe, wenn die Kinder, die die Taufe empfangen, im Kindergarten auf den Empfang des Sakramentes vorbereitet worden sind.

Der Ablauf des Gottesdienstes kann in diesem Fall folgendermaßen modifiziert werden:

- Die Erzieherinnen und Erzieher beteiligen sich am Gottesdienst. Sie können den Lesungstext oder die Fürbitten vortragen. Sie können davon berichten, wie die Vorbereitung auf die Taufe im Kindergarten präsent war. Sie können eine Collage/ein Bild/ein aus Legematerialien zusammengestelltes Bild vorstellen und anhand dessen (zusammen mit der Katechetin/dem Katecheten) von der katechetischen Vorbereitung berichten.
- Die anderen Kinder des Kindergartens können zum Gottesdienst durch musikalische Elemente beitragen. Sie können den neu getauften Kindern ein Geschenk übergeben. Sie können – je nach Fähigkeiten – eine Fürbitte sprechen.
- Im Zusammenhang mit der Auslegung des Schrifttextes können die Kinder des Kindergartens eine biblische Geschichte szenisch darstellen.

Diese Elemente können zeigen, dass die Taufe keine reine Privatsache ist. Die Beteiligung von Erzieherinnen und Erziehern sowie den anderen Kindern aus dem Kindergarten kann Ängste nehmen und zeigen: »Du bist nicht allein! Deine Taufe geht uns alle an! Wir freuen uns mit dir!«

Kinder im Grundschulalter haben schon viele wichtige Entwicklungsschritte gemacht. Sie sind keine Kleinkinder mehr. Sie haben eine größere Selbstständigkeit entwickelt. Sie haben eine eigene Meinung. Einige Termine am Tage nehmen sie für sich allein wahr: sei es, dass sie das Training ihres Sportvereins besuchen, dass sie Musikschulunterricht erhalten oder zur Gruppenstunde der Pfadfinder gehen.

Wesentlich ist: Auch wenn Grundschulkinder noch Kinder sind, die auf Zuwendung, Betreuung und Aufsicht angewiesen sind, haben sie doch schon mitzureden, wenn sie den Weg zur Taufe beginnen. Schulkinder werden auf die Taufe katechetisch vorbereitet und erfahren dabei, dass es um ihren persönlichen Weg in die Kirche geht. Freilich wird man nicht von einer bewussten Entscheidung für die Taufe reden können – bis dahin bräuchte es noch ein paar Jahre. Doch werden Grundschulkinder auf kindliche Weise ihr Ja zum Glauben und zur Taufe sagen. Das ist zu respektieren.

Taufe im Rahmen eines Wortgottesdienstes

❖ *Zum Bedenken*

Die Gründe für einen Wortgottesdienst im engsten Familienkreis, wie sie bei der Taufe von Säuglingen angeführt werden können, gelten für Grundschulkinder nicht. Während für Säuglinge häufig der Gemeindegottesdienst zu lange dauert und die Eltern vielleicht befürchten, das Kind könnte beispielsweise durch Geschrei die anderen stören, ist dies bei größeren Kindern nicht zu erwarten. Im Gegenteil: für Grundschulkinder ist es wichtig zu erfahren, dass sie *in die Kirche aufgenommen* werden. Eine Tauffeier im Rahmen der Familie sollte daher nur besonderen Einzelfällen vorbehalten bleiben.

Die Taufe in einem Wortgottesdienst kann sinnvoll sein, wenn die Familie nicht durch eine regelmäßige Gottesdienstpraxis mit der Liturgie vertraut ist; dies wird in der Mehrzahl der Fälle von Kindertaufen jenseits des Säuglingsalters der Fall sein. Dennoch ist es ratsam, auch die Taufe im Rahmen eines Wortgottesdienstes nicht vollkommen abseits der Gemeinde zu feiern. Sollte also beispielsweise ein Kind durch den Religionsunterricht der Schule zur Vorbereitung auf die Taufe motiviert worden sein, so liegt die Taufe im Schulgottesdienst nahe. Sollte der Kontakt durch die Mitgliedschaft in einer Kindergruppe der Gemeinde entstanden sein, dann bietet sich die Taufe unter Beteiligung dieser Gruppe an. In jedem Falle ist die Taufe eines Grundschulkindes etwas ganz anderes als eine Säuglingstaufe. Da die meisten jedoch allein die Säuglingstaufe aus eigener Erfahrung kennen, ist es nötig, die Familien entsprechend zu informieren und zu begleiten.

Einzug

Sollte eine größere Zahl von Kindern getauft werden und ist auch die Gottesdienstgemeinde nicht zu klein, empfängt L die Kinder, die getauft werden sollen, zusammen mit ihren Eltern, Patinnen und Paten am Hauptportal; die Patinnen und Paten halten die noch nicht entzündeten Taufkerzen in der Hand, die Eltern tragen die Taufkleider über dem Arm. Gemeinsam ziehen alle durch das Hauptportal ein; eine Ministrantin/ein Ministrant hält die brennende Osterkerze in der Hand und geht beim Einzug voran.

Ist die Gottesdienstgemeinde klein (etwa weil nur eine kleinere Zahl von Kindern/ein einzelnes Kind getauft wird), ist der große Einzug nur dann sinnvoll, wenn der Kirchenraum dies anrät. Ein großer Einzug durch eine fast leere Kirche kann nicht zeichenhaft vermitteln, dass das neu zu taufende Kind in die Gemeinde einzieht und in sie aufgenommen wird. In diesem Falle ist es ratsam, wenn sich die Gottesdienstgemeinde in einem Teil der Kirche versammelt: in einem Seitenschiff oder einer Seitenkapelle.

𝄞 *Zum Einzug erklingt festliches Orgelspiel; wenn sich alle in die Bänke gesetzt haben, wird das Lied »Singt dem Herrn alle Völker und Rassen« gesungen.*

Eröffnung

L: Im Namen des Vaters und des Sohnes und des Heiligen Geistes.

A: Amen.

L: Gnade und Friede von Gott, dem allmächtigen Vater, und unserem Herrn Jesus Christus sei mit euch.

A: Und mit deinem Geiste.

L: Liebe/Lieber N. und N.! Liebe Eltern, Patinnen und Paten! Liebe Angehörige, Geschwister, Freundinnen und Freunde von N. und N.! Liebe Schwestern und Brüder! Es ist ein froher Tag, es ist ein frohes Fest, das wir heute feiern!
Ihr, liebe/lieber N. und N., werdet heute getauft. Ihr habt euch über einige Zeit auf die Taufe vorbereitet. Dabei habt ihr von euch, eurem Leben und Glauben erzählt. Ihr habt über Jesus gesprochen und auch darüber, dass er die Menschen einlädt, bei ihm zu sein.
Ihr wollt diese Einladung annehmen. Wenn ihr heute das Sakrament der Taufe empfangt, wird deutlich, dass Jesus immer bei euch sein will. Dass er euch liebt – nicht nur jetzt, nicht nur in diesem Leben, sondern immer!
Ihr seid nicht allein hier. Euch begleiten eure Familien, eure Patinnen und Paten, Freundinnen und Freunde *(L ergänzt um die Kindergruppe, Katecheten/Katechetinnen, Mitschüler/-innen usw.).*

Gebet

L: Wir wollen nun miteinander beten und Gott danken!
Gütiger Gott, du bist der Schöpfer aller Menschen.
Du bist der Ursprung aller Dinge, allen Lebens.
In unserer Welt können wir dich suchen und finden.
Dafür danken wir dir und bitten dich: Mache uns und besonders die Kinder, die heute getauft werden, stark: dass wir Freude an deiner Frohen Botschaft haben, dass wir deinen Weg durch das Leben gehen, dass wir Mut bekommen, ganz auf dich zu vertrauen.
Darum bitten wir dich durch Jesus Christus.

A: Amen.

Evangelium

Hier eignen sich zum Beispiel: Mt 28,18–20; Mk 1,9–11; Mk 10,13–16; Joh 9,1–7.

Katechese

Heiligenlitanei

L oder K: Menschen begleiten jede und jeden von uns auf dem Weg durch das Leben. Manche Menschen bedeuten uns sehr viel, an ihnen finden wir vieles gut, sie sind für uns *Vorbilder*.
Es gibt Menschen, die haben zu Jesus in besonderer Weise Ja gesagt. Sie haben so gelebt, wie er es wollte. Sie haben seine Worte weitergesagt, seine Liebe weitergegeben. Diese Menschen sind *Heilige*, und viele Vornamen von euch erinnern an sie.

Hier können einige Kinder etwas zu ihren Namenspatronen/Namenspatroninnen sagen (s. unter Kap. 3, S. 83).

L oder K: Diese Heiligen, so glauben wir, sind bei Gott und sind von ihm erlöst. Wir bitten diese heiligen Frauen und Männer, dass sie nun ganz nah bei uns sind, besonders bei den Kindern, die gleich getauft werden!

✐ *Baustein »Heiligenlitanei« (S. 67)*

Fürbitten

✐ *Baustein »Fürbitten« (S. 68)*

Taufbekenntnis

L: Dreifaltiger Gott, zu dir wollen wir gehören.
Dir bekennen wir unseren Glauben.
Deswegen frage ich euch:
Sagt ihr Nein zu allem Bösen,
damit ihr in Freiheit als Kinder Gottes leben könnt?

A: Dazu sage ich Nein.

L: Sagt ihr Nein zu allem, was euch zum Bösen verführt, um euch zu einem Leben in Rücksichtslosigkeit und Lieblosigkeit zu verleiten?

A: Dazu sage ich Nein.

L: Glaubt ihr an Gott, den Vater, den Allmächtigen, der die Welt und alles Leben geschaffen hat?

A: Ich glaube.

L: Glaubt ihr an Jesus Christus, seinen eingeborenen Sohn, unseren Herrn, den Sohn der Jungfrau Maria, der für uns am Kreuz gestorben ist und begraben wurde, der von den Toten auferstand und nun zur Rechten Gottes, des Vaters, sitzt?

A: Ich glaube.

L: Glaubt ihr an den Heiligen Geist, die heilige katholische Kirche, die Gemeinschaft der Heiligen, die Vergebung der Sünden, die Auferstehung der Toten und das ewige Leben?

A: Ich glaube.

L: Das ist unser christlicher Glaube: der Glaube der Kirche, zu dem wir uns alle in Jesus Christus bekennen.

Alle begeben sich zum Taufort.

Bezeichnung mit dem Kreuz

L oder K: Eure Eltern, Patinnen und Paten, Katechetinnen und Katecheten haben euch auf dem Weg durch das Leben und zum Glauben begleitet. Als Zeichen, dass ihr Gott anvertraut seid, zeichnen sie euch nun ein Kreuz auf die Stirn.

Die Kinder werden mit dem Kreuz bezeichnet.

Taufe

L oder K: Sie haben und ihr habt euch eben zum Glauben an den dreifaltigen Gott bekannt. In diesem Glauben empfangt ihr nun die Taufe.

L tauft die Kinder einzeln. Dazu ruft er jedes Kind zusammen mit seinen Eltern und Paten/Patinnen auf und tritt mit ihnen an den Taufort heran.

L: N., ich taufe dich im Namen des Vaters und des Sohnes und des Heiligen Geistes.

Chrisamsalbung

L: Nachdem ihr die Taufe empfangen habt, erhaltet ihr nun die Chrisamsalbung. Chrisam ist ein Zeichen, dass ihr nun zu *Christus, dem Gesalbten,* gehört.

Der Spender der Taufe salbt die Kinder mit Chrisam.

Überreichen des Taufgewandes

L oder K: Zu neuem Leben seid ihr berufen. Nichts gibt es mehr, das euch von Jesus trennt. Als Zeichen dafür werdet ihr nun mit dem weißen Taufgewand bekleidet.

Ein Elternteil zieht dem neu getauften Kind das Taufgewand an.

Übergabe der Taufkerze

L: In Jesus Christus ist euch neues Leben geschenkt. So, wie das Licht der Osterkerze sagt, dass Jesus zu ewigem Leben auferweckt wurde, so sagt das Licht eurer Taufkerzen, das ihr von seinem Licht erhaltet: Auch euch schenkt Gott das ewige Leben.

Jeweils eine Patin/ein Pate tritt nach vorn, entzündet die Taufkerze an der Osterkerze und reicht sie dem Kind.
Ein schönes und aussagereiches Zeichen ist es, wenn die Eltern, Patinnen und Paten, Geschwister, Angehörigen (und die anderen Kinder der Schule oder Kindergruppe) ihre eigenen Taufkerzen mitbringen und diese nun entzündet werden. So kann deutlich werden: Das Kind, das getauft worden ist, ist nicht allein. Das Licht des österlichen Lebens leuchtet in Gemeinschaft mit anderen. Dies kann vermitteln: »Du gehörst dazu!«

𝄞 **Danklied:** Nun danket alle Gott

Vaterunser

L: Gott begleitet uns Menschen durch unser Leben. Zu ihm beten wir das Gebet, das Jesus Christus selbst gebetet hat.

Alle sprechen gemeinsam das Vaterunser.

Segen

L: Wir sind getauft, und Jesus hat Ja zu jeder und jedem von uns gesagt. Das ist gerade wieder ganz deutlich geworden. Wenn wir nun nach Hause gehen, so tun wir das nicht

allein. Unser Gott ist bei uns. Um das zu spüren, bitten wir um seinen Segen:
Der Herr sei mit euch.

A: Und mit deinem Geiste.

L: Guter Gott, begleite uns alle auf unseren Wegen.
Gib, dass die neu getauften Kinder im Glauben ihre Heimat finden.
Gib, dass wir dir in unserem Leben immer wieder begegnen und dass wir begreifen, dass du unser Leben froh und hell machen willst.
Gib, dass wir alle in unserem Leben deinen heil machenden Willen tun.
Das alles gewähre uns der dreifaltige Gott,
der Vater, der Sohn und der Heilige Geist.

A: Amen.

L: Gehet hin in Frieden.

A: Dank sei Gott dem Herrn.

𝄞 **Schlusslied:** Das ist der Tag, den Gott gemacht,
oder: Laudato si

Auszug

Im Falle einer großen Gottesdienstgemeinde und einer größeren Zahl neu getaufter Kinder L zieht zusammen mit den Ministrantinnen und Ministranten, den Katechetinnen und Katecheten, den neu getauften Kindern, deren Eltern, Geschwistern, Patinnen und Paten aus.

Taufe im Rahmen der Tauferneuerungsfeier der Erstkommunionkinder

Zum Bedenken

Recht häufig kommt es vor, dass Kinder gern an der Erstkommunionvorbereitung teilnehmen möchten, aber noch nicht getauft sind. Das ist für viele Familien der Anlass, für ihr Kind um die Taufe zu bitten. Darin liegt eine Chance: Diese Kinder, aber auch alle anderen Kinder in der Erstkommunionvorbereitung können den Weg zur Taufe und die Taufspendung mit verfolgen.

Ungünstig ist es, die Taufe in der Erstkommunionfeier zu spenden. Dies wäre generell zwar möglich, doch ist zu bedenken, dass in dieser Eucharistiefeier die meisten Kinder – und damit auch die meisten Angehörigen – ihre Aufmerksamkeit dem Empfang der ersten heiligen Kommunion widmen und das Sakrament der Taufe damit nur ›mitliefe‹. Der Eindruck könnte entstehen, dass die Taufe nur eine bloße Zugangsvoraussetzung für etwas weitaus Bedeutsameres sei.

Günstig ist daher die Variante, dass die Tauferneuerungsfeier der Erstkommunionkinder zugleich der Tauftermin für die noch nicht getauften Kinder des Erstkommunionjahrgangs ist. Taufe und Taufgedächtnis werden hier aufs engste miteinander verbunden. Die Taufe erleben und mit-erleben kann das Taufbewusstsein stärken und richtet die Aufmerksamkeit zu Recht auf dieses große Sakrament.

Gestaltung der Tauferneuerungsfeier mit Taufe

Einzug

Die Kinder, die getauft werden sollen, ziehen zusammen mit ihren Eltern, Patinnen und Paten durch das Hauptportal ein. Die Patinnen und Paten halten die noch nicht entzündeten Taufkerzen in der Hand; die Eltern tragen die Taufkleider über dem Arm.
L empfängt die Gruppe am Hauptportal; eine Ministrantin/ein Ministrant hält die brennende Osterkerze in der Hand und geht beim Einzug voran.

𝄞 *Es erklingt festliches Orgelspiel; wenn sich alle in die Bänke gesetzt haben, wird das Lied »Singt dem Herrn alle Völker und Rassen« gesungen.*

Eröffnung

L: Im Namen des Vaters und des Sohnes und des Heiligen Geistes.

A: Amen.

L: Gnade und Friede von Gott, dem allmächtigen Vater, und unserem Herrn Jesus Christus sei allezeit mit euch.

A: Und mit deinem Geiste.

L: Liebe Mädchen und Jungen! Liebe Eltern, Patinnen und Paten! Liebe Schwestern und Brüder!
Es ist ein froher Tag, es ist ein frohes Fest, das wir heute feiern!
Ihr, *(L nennt die Anzahl)* Mädchen und Jungen, werdet heute getauft. Ihr habt euch in Gruppen auf die Taufe vorbereitet. Dabei habt ihr von euch, eurem Leben und Glauben erzählt. Ihr habt über Jesus gesprochen und auch darüber, dass er die Menschen einlädt, bei ihm zu sein.
Ihr wollt diese Einladung annehmen. Wenn ihr heute das

Sakrament der Taufe empfangt, wird deutlich, dass Jesus immer bei euch sein will. Dass er euch liebt – nicht nur jetzt, nicht nur in diesem Leben, sondern immer!
Und es sind noch mehr Kinder da. Es sind die Mädchen und Jungen, die bald *(L nennt den Termin)* zum ersten Mal die heilige Kommunion empfangen. Ihr dürft heute die Taufe der *(L nennt die Anzahl)* Kinder miterleben; allen, die bereits getauft sind, wird klar: Auch in unserer Taufe hat Jesus gesagt: »Ich bin immer bei euch!«
Außerdem sind noch viele Menschen da, die euch Kinder in eurem Leben begleiten: eure Eltern, die Patinnen und Paten, eure Verwandten, Freundinnen und Freunde.

Gebet

L: Wir wollen nun miteinander beten und Gott danken!
Gütiger Gott, du bist der Schöpfer aller Menschen.
Du bist der Ursprung aller Dinge, allen Lebens.
In unserer Welt können wir dich suchen und finden.
Dafür danken wir dir und bitten dich:
Mache uns und besonders die Kinder, die heute getauft werden, stark:
dass wir Freude an deiner Frohen Botschaft haben,
dass wir deinen Weg durch das Leben gehen,
dass wir Mut bekommen, ganz auf dich zu vertrauen.
Darum bitten wir dich durch Jesus Christus.

A: Amen.

Evangelium

Hier eignen sich zum Beispiel: Mt 28,18–20; Mk 1,9–11; Mk 10,13–16; Joh 9,1–7.

Katechese

Heiligenlitanei

L oder K: Menschen begleiten jede und jeden von uns auf dem Weg durch das Leben. Manche Menschen bedeuten uns sehr viel, an ihnen finden wir vieles gut, sie sind für uns *Vorbilder*.
Es gibt Menschen, die haben zu Jesus in besonderer Weise Ja gesagt. Sie haben so gelebt, wie er es wollte. Sie haben seine Worte weitergesagt, seine Liebe weitergegeben. Diese Menschen sind *Heilige*, und viele Vornamen von euch erinnern an sie.

Hier können einige Kinder etwas zu ihren Namenspatronen/Namenspatroninnen sagen (s. unter Kap. 3, S. 83).

L oder K: Diese Heiligen, so glauben wir, sind bei Gott und sind von ihm erlöst. Wir bitten diese heiligen Frauen und Männer, dass sie nun ganz nah bei uns sind, besonders bei den Kindern, die gleich getauft werden!

✎ *Baustein »Heiligenlitanei« (S. 67)*

Fürbitten

✎ *Baustein »Fürbitten« (S. 68)*

Taufbekenntnis

Das Taufbekenntnis wird in Verbindung mit der Tauferneuerung der Erstkommunionkinder gefeiert. Dazu kommen die Erstkommunionkinder nach vorn, etwa in den Chorraum, und stellen sich im Halbkreis auf.

Beim Weg in den Chorraum entzünden sie ihre Taufkerze (sofern diese nicht vorhanden ist, kann auch die Kommunionkerze verwendet werden) an der Osterkerze. Zu diesem Kreis werden die neu getauften Kinder nach ihrer Taufe mit ihrer brennenden Taufkerze hinzukommen. Dann wird deutlich: Auch ihr gehört dazu! Auch für euch brennt das österliche Licht des Lebens!

L: Dreifaltiger Gott, zu dir wollen wir gehören.
Dir bekennen wir unseren Glauben.
Deswegen frage ich euch:
Sagt ihr Nein zu allem Bösen,
damit ihr in Freiheit als Kinder Gottes leben könnt?

A: Dazu sage ich Nein.

L: Sagt ihr Nein zu allem, was euch zum Bösen verführt, um euch zu einem Leben in Rücksichtslosigkeit und Lieblosigkeit zu verleiten?

A: Dazu sage ich Nein.

L: Glaubt ihr an Gott, den Vater, den Allmächtigen, der die Welt und alles Leben geschaffen hat?

A: Ich glaube.

L: Glaubt ihr an Jesus Christus, seinen eingeborenen Sohn, unseren Herrn, den Sohn der Jungfrau Maria, der für uns am Kreuz gestorben ist und begraben wurde, der von den Toten auferstand und nun zur Rechten Gottes, des Vaters, sitzt?

A: Ich glaube.

L: Glaubt ihr an den Heiligen Geist, die heilige katholische Kirche, die Gemeinschaft der Heiligen, die Vergebung der Sünden, die Auferstehung der Toten und das ewige Leben?

A: Ich glaube.

L: Das ist unser christlicher Glaube: der Glaube der Kirche, zu dem wir uns alle in Jesus Christus bekennen.

Bezeichnung mit dem Kreuz

L oder K: Ich bitte nun die Täuflinge, ihre Patinnen und Paten und ihre Eltern, zu den Altarstufen zu kommen.

Die Täuflinge, ihre Eltern, Patinnen und Paten begeben sich auf die Altarstufen.

L oder K: Eure Eltern, Patinnen und Paten, Katechetinnen und Katecheten haben euch auf dem Weg durch das Leben und zum Glauben begleitet. Als Zeichen, dass ihr Gott anvertraut seid, zeichnen sie euch nun ein Kreuz auf die Stirn.

Die Kinder werden mit dem Kreuz bezeichnet.

Taufe

L oder K: Sie haben und ihr habt euch eben zum Glauben an den dreifaltigen Gott bekannt. In diesem Glauben empfangen nun die Täuflinge die Taufe.

Die Kinder werden mit den Paten/Patinnen und Eltern namentlich aufgerufen und kommen zum Taufort. L spendet dann einzeln das Sakrament der Taufe. Eine Ministrantin/ein Ministrant hält Handtücher bereit.

L: N., ich taufe dich im Namen des Vaters und des Sohnes und des Heiligen Geistes.

Nachdem der jeweilige Täufling das Sakrament der Taufe empfangen hat, kehrt er mit seiner Familie an den Platz auf den Altarstufen zurück.

Chrisamsalbung

L oder K: Nachdem ihr die Taufe empfangen habt, erhaltet ihr nun die Chrisamsalbung. Chrisam ist ein Zeichen, dass ihr nun zu *Christus, dem Gesalbten,* gehört.

Der Spender der Taufe salbt die Kinder mit Chrisam.

Überreichen des Taufgewandes

L oder K: Zu neuem Leben seid ihr berufen. Nichts gibt es mehr, das euch von Jesus trennt. Als Zeichen dafür werdet ihr nun mit dem weißen Taufgewand bekleidet.

Ein Elternteil zieht dem neu getauften Kind das Taufgewand an.

Übergabe der Taufkerze

L oder K: In Jesus Christus ist euch neues Leben geschenkt. So, wie das Licht der Osterkerze sagt, dass Jesus zu ewigem Leben auferweckt wurde, so sagt das Licht eurer Taufkerzen, das ihr von seinem Licht erhaltet: Auch euch schenkt Gott das ewige Leben.

Jeweils eine Patin/ein Pate tritt nach vorn, entzündet die Taufkerze an der Osterkerze und reicht sie dem Kind.
Eltern, Patinnen und Paten setzen sich wieder an ihre Plätze; die neu Getauften stellen sich mit ihren Kerzen in den Kreis der Erstkommunionkinder. Es wird deutlich: Ihr seid dazugekommen! Ihr gehört dazu! Euer Licht leuchtet zusammen mit unserem!

Auch für eher kirchenferne Gottesdienstteilnehmende ist dies ohne weiteres verständlich und muss nicht weiter ausgedeutet werden. Und für die Erstkommunionkinder ist es eine starke Erfahrung, dass sie neu getaufte Kinder willkommen heißen.

𝄞 **Danklied:** Nun danket alle Gott

Vaterunser

L oder K: Gott begleitet uns Menschen durch unser Leben. Zu ihm beten wir das Gebet, das Jesus Christus selbst gebetet hat. Die Kommunionkinder und unter ihnen die neu getauften Kinder bitte ich, sich um den Altar zu versammeln.

Alle sprechen gemeinsam das Vaterunser.

Segen

L: Wir sind getauft, und Jesus hat Ja zu jeder und jedem von uns gesagt. Das ist gerade wieder in der Taufe der *(L nennt die Anzahl)* Mädchen und Jungen deutlich geworden. Und das soll auch deutlich werden, wenn sich nun alle anderen Kommunionkinder mit dem Taufwasser ein Kreuz auf die Stirn zeichnen.

Die anderen Kommunionkinder treten an die Taufschale heran und bekreuzigen sich mit dem Taufwasser.

L: Wenn wir nun nach Hause gehen, so tun wir das nicht allein. Unser Gott ist bei uns. Um das zu spüren, bitten wir um seinen Segen:

Der Herr sei mit euch.

A: Und mit deinem Geiste.

L: Guter Gott, begleite uns alle auf unseren Wegen.
Gib, dass die neu getauften Kinder im Glauben ihre Heimat finden.
Gib, dass die Kinder, die an den kommenden Sonntagen die erste heilige Kommunion empfangen, immer stärker in den Glauben an dich hineinwachsen.
Gib, dass wir alle in unserem Leben deinen heil machenden Willen tun.
Das alles gewähre uns der dreifaltige Gott,
der Vater, der Sohn und der Heilige Geist.

A: Amen.

L: Gehet hin in Frieden. Halleluja, halleluja!

A: Dank sei Gott dem Herrn. Halleluja, halleluja!

𝄞 **Schlusslied:** Das ist der Tag, den Gott gemacht

Auszug

Unter festlicher Orgelmusik und vollem Geläut zieht L zusammen mit den Ministrantinnen und Ministranten, den Katechetinnen und Katecheten, den neu getauften Kindern und ihren Eltern, Patinnen und Paten aus.
Vor dem Kirchenportal versammeln sich die neu getauften Kinder mit ihren Familien. Die Gemeinde überreicht jedem Kind ein kleines Geschenk, und es besteht Gelegenheit zur Gratulation.

Taufe in der Sonntagsmesse

Zum Bedenken

Die Taufe in der Sonntagsmesse ist gerade dann sinnvoll, wenn die Familie einen engeren Kontakt zur Gemeinde (gefunden) hat und sich nicht durch eine nicht vertraute Liturgie fremd fühlt.

Die Sonntagsmesse hat im Vergleich zu vielen Wortgottesdienstformen stärker festgelegte Elemente. Die Schriftlesungen und die Orationen werden durch den liturgischen Kalender vorgegeben. Gestaltungsmöglichkeiten bieten aber die Taufspendung selbst, die Auswahl der Kyrie-Rufe und der Fürbitten sowie die musikalische Gestaltung.

Gestaltung der Messfeier mit Taufe

Einzug

Die Kinder, die getauft werden, ziehen zusammen mit dem Priester, den Ministrantinnen und Ministranten, den Eltern, Geschwistern, Patinnen und Paten ein und nehmen in einer der vorderen Reihen Platz.

Eröffnung

L: Im Namen des Vaters und des Sohnes und des Heiligen Geistes.

A: Amen.

L: Gnade und Friede von Gott, dem allmächtigen Vater, und unserem Herrn Jesus Christus sei allezeit mit euch.

A: Und mit deinem Geiste.

L: Schwestern und Brüder,
wir feiern miteinander Eucharistie am heutigen Sonntag. Im Wort Gottes aus der Bibel, im gemeinsamen Gebet und in der Mahlgemeinschaft werden wir unserem Herrn begegnen.
Mit besonderer Freude werden wir *(L nennt die Anzahl)* neue Mitglieder in unsere Gemeinde aufnehmen. Nach einem Weg der Vorbereitung werden N. und N. heute zusammen mit ihren Eltern, Patinnen und Paten, ihren Geschwistern und Angehörigen, ihren Freundinnen und Freunden ihren Glauben bekennen und das Sakrament der Taufe empfangen.

Es besteht hier die Möglichkeit, dass sich die Kinder der Gemeinde vorstellen und/oder eine Katechetin oder ein Katechet der Gemeinde etwas vom Weg der Vorbereitung auf die Taufe berichtet.

Kyrie

Der Antwortruf der Gemeinde lautet: »Herr/Christus, erbarme dich.«

L: Gott hat uns erschaffen und begleitet uns durch unser Leben. Zu ihm rufen wir:

- Du hast uns unser Leben geschenkt und gibst uns alles, was wir zum Leben brauchen. Herr, erbarme dich.
- Du rufst immer wieder Menschen in deine Nachfolge und schenkst ihnen deine Freundschaft.
  Christus, erbarme dich.
- Du führst uns Menschen auf unserem Lebensweg zum Ziel.
  Herr, erbarme dich.

Gütiger Gott, erbarme dich unser. Verzeihe uns, was wir an Bösem getan haben, und führe uns auf unseren Lebenswegen zur ewigen Heimat bei dir.

A: Amen.

Evangelium

Homilie

Heiligenlitanei

L oder K: Menschen begleiten jede und jeden von durch das Leben. Manche Menschen bedeuten uns sehr viel, an ihnen finden wir vieles gut, sie sind für uns *Vorbilder*.
Es gibt Menschen, die haben zu Jesus in besonderer Weise Ja gesagt. Sie haben so gelebt, wie er es wollte. Sie haben seine Worte weitergesagt, seine Liebe weitergegeben. Sie sind *Heilige*, und viele Vornamen von euch erinnern an sie. Diese Heiligen, so glauben wir, sind bei Gott und sind von ihm erlöst. Wir bitten diese heiligen Frauen und Männer, dass sie nun ganz nah bei uns sind, besonders bei den Kindern, die gleich getauft werden!

✎ *Baustein »Heiligenlitanei« (S. 67)*

Fürbitten

✎ *Baustein »Fürbitten« (S. 68)*

Taufbekenntnis

L: Liebe/Lieber N. und N., zu Gott wollt ihr gehören. Darum frage ich euch, eure Eltern, Patinnen und Paten:

Sagt ihr Nein zu allem Bösen,
damit ihr in Freiheit als Kinder Gottes leben könnt?

A: Dazu sage ich Nein.

L: Sagt ihr Nein zu allem, was euch zum Bösen verführt, um euch zu einem Leben in Rücksichtslosigkeit und Lieblosigkeit zu verleiten?

A: Dazu sage ich Nein.

L: Glaubt ihr an Gott, den Vater, den Allmächtigen, der die Welt und alles Leben geschaffen hat?

A: Ich glaube.

L: Glaubt ihr an Jesus Christus, seinen eingeborenen Sohn, unseren Herrn, den Sohn der Jungfrau Maria, der für uns am Kreuz gestorben ist und begraben wurde, der von den Toten auferstand und nun zur Rechten Gottes, des Vaters, sitzt?

A: Ich glaube.

L: Glaubt ihr an den Heiligen Geist, die heilige katholische Kirche, die Gemeinschaft der Heiligen, die Vergebung der Sünden, die Auferstehung der Toten und das ewige Leben?

A: Ich glaube.

L: Das ist unser christlicher Glaube: der Glaube der Kirche, zu dem wir uns alle in Jesus Christus bekennen.

Die Kinder, die getauft werden sollen, ihre Eltern, Geschwister, Patinnen und Paten werden in einer Prozession von L und den Ministrantinnen und Ministranten zum Taufort begleitet.

Bezeichnung mit dem Kreuz

L: Eure Eltern, Patinnen und Paten, Katechetinnen und Katecheten haben euch auf dem Weg durch das Leben und zum Glauben begleitet. Als Zeichen, dass ihr Gott anvertraut seid, zeichnen sie euch nun ein Kreuz auf die Stirn.

Die Kinder werden mit dem Kreuz bezeichnet.

Taufe

L: Sie haben und ihr habt euch eben zum Glauben an den dreifaltigen Gott bekannt. In diesem Glauben empfangen nun die Kinder die Taufe.

L tauft die Kinder einzeln. Dazu ruft er jedes Kind zusammen mit seinen Eltern und Paten/Patinnen auf und tritt mit ihnen an den Taufort heran. Eine Ministrantin/ein Ministrant hält Handtücher bereit.

L: N., ich taufe dich im Namen des Vaters und des Sohnes und des Heiligen Geistes.

Chrisamsalbung

L: Nachdem ihr die Taufe empfangen habt, erhaltet ihr nun die Chrisamsalbung. Chrisam ist ein Zeichen, dass ihr nun zu *Christus, dem Gesalbten,* gehört.

Der Spender der Taufe salbt die Kinder mit Chrisam.

Überreichen des Taufgewandes

L: Zu neuem Leben seid ihr berufen. Nichts gibt es mehr, das euch von Jesus trennt. Als Zeichen dafür werdet ihr nun mit dem weißen Taufgewand bekleidet.

Ein Elternteil zieht dem neu getauften Kind das Taufgewand an.

Übergabe der Taufkerze

L: In Jesus Christus ist euch neues Leben geschenkt. So, wie das Licht der Osterkerze sagt, dass Jesus zu ewigem Leben auferweckt wurde, so sagt das Licht eurer Taufkerzen, das ihr von seinem Licht erhaltet: Auch euch schenkt Gott das ewige Leben.

Jeweils eine Patin/ein Pate tritt nach vorn, entzündet die Taufkerze an der Osterkerze und reicht sie dem Kind.

𝄞 **Danklied:** Nun danket alle Gott

Es folgt die Eucharistiefeier.

Taufe in der Osternacht

Die Osternacht ist das Hochfest der Auferstehung Jesu Christi. Es ist das wichtigste Fest für die ganze Kirche und jede Gemeinde.

Die Osternacht ist der eigentliche Ort der Taufe, da in ihr deutlich wird: Jeder Mensch, der getauft wird, hat Anteil am ewigen Leben des Auferstandenen.

Diese Faktoren legen die Taufe in der Osternacht nahe. Jedoch ist zu bedenken, dass der Termin der Osternacht für die meisten Kinder recht spät ist. Zum anderen ist die Osternacht eine sehr festliche und daher zeitlich sehr ausgedehnte Feier. Und schließlich sind die liturgischen Vorgaben für den Messablauf so, dass eine kindgerechte Gestaltung nicht in optimalem Maß realisierbar ist.

Sollten jedoch die Gründe für eine Taufe in der Osternacht sprechen, so kann der Taufritus in Anlehnung an die Tauffeier innerhalb der Sonntagsmesse vollzogen werden. Die Prozession zum Taufort wird jedoch entfallen, da das Taufwasser in der Osternacht in der Regel im Altarraum geweiht wird.

5 FEIERN NACH DER TAUFE

»Getauft – und dann?« heißt eine Veröffentlichung der Liturgischen Institute Luzern, Salzburg und Trier.[17] Dieses Buch trägt der oft gemachten Erfahrung Rechnung, dass Kinder zwar getauft werden und im Zusammenhang mit der Vorbereitung auf das Sakrament und bei der Feier ein guter Kontakt mit der Familie besteht. Danach reißt dieser Faden jedoch häufig ab, und es entsteht eine Art Vakuum bis zum Beginn der Vorbereitung auf die Erstkommunion. Das Buch dagegen nimmt den Faden wieder auf und bietet einige Beispiele für liturgische Feiern; der Schwerpunkt liegt auf Segensfeiern im Kindergarten- und Grundschulalter sowie auf Feiern im Erstkommunion- und Jugendalter.

Auch nach der Taufe jüngerer Kinder besteht die Möglichkeit, Kontakt zu halten. Die Form der Kontaktaufnahme und der Begegnungen orientiert sich am Alter der Kinder und der damit verbundenen Lebenssituation der Familien.

Für Familien, deren Kinder als Säuglinge getauft wurden

Die Taufe ist kein Ereignis, das mit dem Ende der liturgischen Feier einen Schlusspunkt setzt. Eine Geburtstagsfeier ist vorbei, wenn der letzte Gast geht. Die Urlaubsreise ist zu Ende, wenn man wieder daheim ist. Die Taufe aber ist der Start ins Christsein. Eine Gemeinde kann das Bewusstsein für diese Tatsache wach halten, wenn sie den Kontakt zu den Familien mit neu getauften Kindern wach hält. Eine gute Möglichkeit ist es, die Familien, deren Kinder in einem gewissen Zeitraum getauft worden sind, zu einer Begegnung einzuladen. Dies kann, je nach Gemeindesituation, einmal oder zweimal im Jahr stattfinden. Wenn die Kinder das erste Lebensjahr vollendet haben, hat sich in den Familien vieles zur Routine entwickelt – ein Treffen mit anderen Familien kann hier eine schöne Abwechslung sein und eine gute Gelegenheit für einen neuen Kontakt mit der Gemeinde. Sinnvoll ist es, wenn Gemeindemitglieder ein solches Treffen ausrichten und damit den Eingeladenen signalisieren: Ihr seid uns willkommen!

Beispiel für eine Einladung

Eine Einladung kann folgendermaßen aussehen:

Liebe Familie N.,
Ihr Kind N. wurde im vergangenen Jahr in unserer Gemeinde getauft. Seither ist bestimmt viel geschehen: Es ist gewachsen, kann vielleicht

schon laufen und spricht schon einige Wörter. Ganz bestimmt haben Sie den ersten Geburtstag gefeiert – Geburtstagsfeiern sagen: »Wir freuen uns, dass du da bist! Wir freuen uns, dass wir zusammen mit dir durch dieses Jahr gehen konnten!« In ihrem/seinem ersten Lebensjahr wurde Ihre Tochter/Ihr Sohn N. getauft. Der Jahrestag der Taufe ist auch ein Grund zum Feiern! So möchten wir Sie und die Paten/Patinnen Ihres Kindes zu einer kleinen Feier in unsere Gemeinde einladen. Sie findet statt am ...
(hier werden das Datum und der Ort gut lesbar eingesetzt).

Im Kreis aller Familien, deren Kinder im Zeitraum vom ... bis zum ... getauft worden sind, treffen wir uns zunächst in der Kirche zu einer kurzen Feier. Bitte bringen Sie dazu die Taufkerze Ihres Kindes mit. Bei Kaffee, Kuchen und kalten Getränken gibt es dann die Gelegenheit zu erzählen, Fotos zu zeigen, einander (besser) kennen zu lernen. Frau/Herr N. aus unserer Gemeinde wird eine Kinderbetreuung im selben Hause anbieten, sodass für alle Kinder Gelegenheit zum ungestörten Spielen besteht.
Wären Sie so freundlich und würden Sie uns Nachricht geben, ob Sie kommen werden? Eine Hilfe wäre es für uns, wenn Sie uns das Alter der Geschwisterkinder und auch das der Kinder der Paten/Patinnen nennen würden – dann können wir das Kinderprogramm besser vorbereiten.
(An dieser Stelle folgen Kontaktangaben wie Telefon, Fax, E-Mail ...)

Ihnen einen herzlichen Gruß,
Ihr

(Es unterschreiben der Taufpriester, der Pfarrer der Gemeinde, ggf. weitere Hauptamtliche und an der Vorbereitung beteiligte Gemeindemitglieder.)

Die Erfahrung zeigt, dass sich ein Teil der eingeladenen Familien nicht auf die Einladung meldet. Hier lohnt es sich, noch einmal telefonisch nachzufragen. Manchmal geriet die Einladung in Vergessenheit; manchmal hilft das persönliche Gespräch, Hemmschwellen zu beseitigen. In jedem Falle ist es sehr nützlich, relativ verbindlich zu wissen, wer zum Treffen kommt.

Gestaltung einer Feier

Alle versammeln sich am Taufort. Dort brennt bereits die Osterkerze.

Begrüßung

L: Liebe Familien, liebe Patinnen und Paten, liebe Kinder.
Hier an diesem Ort sind *(L nennt die Namen der Kinder)* getauft worden.
Dieser Ort ist etwas Besonderes für Ihre Kinder geworden. Sie, liebe Eltern, Patinnen und Paten, haben Ja zum Glauben an Jesus Christus gesagt. Wir Christinnen und Christen glauben daran, dass auch Jesus Christus Ja zu Ihren Kindern sagt.
In der Zwischenzeit ist viel geschehen: Ihre Kinder sind größer geworden, das ist auf den ersten Blick zu sehen; und Sie bringen viele Erlebnisse mit, die Sie im Gedächtnis tragen. Das können schöne Erlebnisse sein, wenn Sie sich an die Freude erinnern, die Sie mit Ihren Kindern erlebt haben. Das können aber auch ungute Erinnerungen sein, etwa an durchwachte Nächte, an Krankheiten, an Zeiten der Überlastung.

Lichtritus

L: Jesus nimmt uns an, so, wie wir sind. Er hat uns gesagt, dass er immer bei uns ist – unser ganzes Leben lang. Er will uns nicht nur in den Feststunden des Lebens begleiten, sondern auch in den dunklen Stunden. Seine Liebe und Freundschaft zu uns kann das Leben hell machen. Das Licht der Osterkerze will uns das noch einmal zeigen. Sie wird in der Osternacht entzündet, wenn die Kirche die Auferstehung Jesu Christi feiert. Über den Tod *(L zeigt auf das Kreuz auf der Osterkerze)* siegt das Leben *(L zeigt auf die Flamme)*. Und die Freude dieses Lebens ist uns allen in der Taufe zugesagt. Als Ihre Kinder getauft worden sind, haben Sie die Taufkerze das erste Mal angesteckt. Ihr Licht bekam sie von der Osterkerze. Das Licht des Lebens und der Liebe Gottes scheint aber nicht nur in der Tauffeier, sondern im ganzen Leben. Zum Zeichen dafür zünden wir nun die Taufkerzen der Kinder noch einmal an der Osterkerze an.

Jeweils ein Elternteil oder eine Patin/ein Pate zündet die Taufkerze an der Osterkerze an; bei größeren Gruppen kann es hilfreich sein, während dieser Zeit meditative Musik von einer CD zu spielen. L spricht erst weiter, wenn alle Kerzen angezündet sind. Für den Fall, dass einige Familien die Taufkerzen vergessen haben, liegen einfache Kerzen als Ersatz bereit.

L: Nun brennt das Licht der Osterkerze, das Lebenslicht Jesu Christi, auf allen unseren Kerzen. Es zeigt uns auch: Jesus Christus ist bei uns. Das hat er zugesagt, als er nach der Auferstehung seinen Freunden erschien: »Ich bin bei euch alle Tage bis zum Ende der Welt« (Mt 28,20).

𝄞 **Lied:** Wo zwei oder drei in meinem Namen versammelt sind

Segnung der Kinder

L: Jesus begleitet uns durch das Leben. Uns allen ist sein Schutz zugesagt. Sein Segen begleitet uns durch das Leben.

L geht zu jedem einzelnen Kind (nicht nur zu den neu getauften) und segnet es mit den Worten:

L: N., Jesus Christus segne und beschütze dich.

Segen

L: Jesus Christus, du bist bei uns alle Tage. Dafür danken wir dir. Segne und behüte uns alle heute und unser ganzes Leben lang.
Im Namen des Vaters und des Sohnes und
des Heiligen Geistes.
A: Amen.

𝄞 **Schlusslied:** Gott, dein guter Segen

Ideen für die anschließende Begegnung

Ideal ist es, wenn zwei miteinander verbundene Räume zur Verfügung stehen. In diesem Fall kann in einem der Räume eine Kaffeetafel gedeckt sein und im anderen für eine Kinderbetreuung gesorgt sein. Dies hat den Vorteil, dass Kinder und Eltern nah beieinander sind und die Eltern dennoch die Gelegenheit haben, sich ungestört zu unterhalten.

Sollten in der Gemeinde Familiengruppen oder Kreise mit jungen Erwachsenen bestehen, kann es von Vorteil sein, wenn die Begegnung von diesen ausgerichtet wird. Dadurch können neue Kontakte entstehen. Sinnvoll ist es, wenn jemand den Gästen von diesen Kreisen berichtet; vielleicht kann sogar aus dem Kreis der Gäste ein neuer Familienkreis entstehen. Zu vermeiden ist jedoch, dass der Eindruck einer Werbeveranstaltung aufkommt. Dies kann verständlicherweise rasch zu Ablehnung führen.

Auf den Tischen stehen Kerzenständer für die Taufkerzen bereit; am Rand des Raumes können Tische aufgestellt werden, auf die jede Familie einige Fotos von der Taufe ihres Kindes legt.

Kindergartenkinder können sich im Gegensatz zu Säuglingen an ihre Taufe erinnern. Daher ist es bereits möglich, den Jahrestag der Taufe als das *eigene* Taufgedächtnis der Kinder zu begehen und dabei Eltern, Patinnen und Paten, Geschwister und die Kinder des Kindergartens mit einzubeziehen. Inhaltlich kann ein solches Gedächtnis die katechetischen Elemente der Vorbereitung kurz wiederholen. Doch muss berücksichtigt werden: Aus der Rückschau sieht alles anders aus – alle haben erlebt und mit-erlebt, was eine Taufe ist! Aus dem Glauben heraus gedeutet, kann das heißen: Alle haben durch die Zeichenhandlungen des Taufsakraments miterlebt, dass der dreifaltige Gott ein liebender Gott und Freund der Menschen ist.

Fest in der Kindergartengruppe

Am Jahrestag der Taufe (oder ggf. am nächsten Öffnungstag der Einrichtung) wird ein Tisch im Gruppenraum besonders geschmückt. In der Mitte des Tisches steht die Taufkerze des Kindes, dessen Tauftag gefeiert wird. Ringsherum sind ein Krug mit Wasser, ein Cremetopf und ein weißes Kleid (idealerweise das Taufgewand) gruppiert. Alle setzen sich in einen Kreis, der an der Stelle, an der der Tisch steht, offen bleibt.

𝄞 **Lied:** Wo zwei oder drei in meinem Namen versammelt sind, oder: Wir feiern heut' ein Fest und freu'n uns miteinander

Eröffnung

K: Vor einem Jahr ist N. getauft worden. Das ist ein Grund zum Feiern! N. gehört nun dazu. Jeder Mensch, der getauft wird, erfährt: Jesus hat mich lieb!

Das Kind, dessen Taufgedächtnis gefeiert wird, darf eine Jesus-Ikone (oder ein Kreuz) auf den Festtisch legen.

Gespräch

Alle betrachten nun den Tisch und die Zeichen des Wassers, der Kerze und des Cremetopfs (der für Salböl steht) und des Taufgewandes.
K stellt die Wasserschüssel in die Mitte des Stuhlkreises.

K: Erzählt, wo euch Wasser überall begegnet.

Mögliche Antworten:

- Ich kann Wasser trinken.
- Ich wasche mich mit Wasser.
- Mit Wasser gieße ich die Blumen.
- Mit Wasser löscht man Feuer.
- In Wasser kann ich schwimmen.
- In Wasser kann ich ertrinken.

K: Wasser braucht jeder Mensch, jedes Tier und jede Pflanze zum Leben. Wasser kann aber auch gefährlich sein: Jemand, der nicht schwimmen kann oder müde ist, kann im Wasser ertrinken. Jesus möchte, dass jede und jeder das bekommt, was sie oder er zum Leben braucht. Er rettet uns aus allen Gefahren, die uns bedrohen.

K stellt die Schüssel zurück auf den Tisch und stellt die Kerze in die Mitte des Stuhlkreises.

K: Wenn es dunkel ist, kann ich nichts mehr sehen. Was spürt ihr, wenn es ganz dunkel und finster ist?

Mögliche Antworten:
- Das kann Angst machen.
- Manch einer fürchtet sich nachts im Dunkeln.

K: Auch Jesus kennt das Dunkle: die Angst der Menschen und das Böse.

Nach Möglichkeit wird der Gruppenraum verdunkelt.

K: Doch das Böse hat keine Macht mehr, da Jesus sein Licht der Liebe in die Welt strahlen lässt. Das Leben wird hell und froh, weil Jesus die Menschen liebt. Zum Zeichen dafür hat N. bei der Taufe die Taufkerze erhalten. Sie sagt ihr/ihm: »Jesus liebt dich!«

Der Raum wird wieder erhellt. K stellt die Kerze zurück auf den Tisch und legt das Gewand in die Mitte des Stuhlkreises.

K: In unserer Mitte liegt nun ein einfaches weißes Gewand. N. hat es nach ihrer/seiner Taufe angezogen. Es sagt uns: »So nah, wie dieses Gewand an deinem Körper ist, so nah ist dir Jesus. Er lässt dich nie allein!«

Alle dürfen das Gewand einmal aus der Nähe anschauen und anfassen.

K: Jesus ist unser Freund. Das haben wir bei der Taufe von N. ganz besonders erfahren. Dafür danken wir!

𝄞 **Lied:** Lasst uns miteinander

Kindergarten-Wortgottesdienst

Ein Wortgottesdienst in der Zeit des Tauftages von Kindern der Einrichtung ist gerade dann sinnvoll, wenn ein Jahr lang kein Kind des Kindergartens auf die Taufe vorbereitet wurde und das Taufsakrament empfing. Ansonsten ist der Taufgottesdienst neuer Kinder eine gute Möglichkeit, den Tauftag der im Jahr zuvor getauften zu begehen.

Günstigenfalls steht der Priester oder Diakon, der die Kinder vor einem Jahr getauft hat, dem Wortgottesdienst vor.

𝄞 **Eröffnungslied:** Lieber Gott, ich bin hier

Gebet

L: Liebe Mädchen und Jungen, liebe Eltern.
Wir sind hier in der Kirche, weil wir Gott danken wollen.
Er hat jede und jeden von uns gemacht.

Jede und jeden von uns hat er lieb.
Er ist jetzt bei uns in seinem Heiligen Geist,
den wir nicht sehen, aber spüren können.
Wir machen gemeinsam das Kreuzzeichen.
Im Namen des Vaters und des Sohnes und des
Heiligen Geistes.

A: Amen.

Gespräch

L: Vor einem Jahr sind N. und N. hier getauft worden. Sie haben sich vorher in einer Gruppe mit Frau/Herrn N. getroffen und haben sich vorbereitet. Heute feiern wir den ersten Jahrestag.

Mit Legematerialien sind ein Weg zum Taufbecken hin und danach ein Weg vom Taufbecken weg gestaltet.
Auf dem Weg zum Taufbecken hin können Elemente aus den Katechesen auf dem Weg der Vorbereitung liegen, zum Beispiel: (gemalte) Bilder, Gegenstände, Bilderbücher, Musikinstrumente, Fotos ...
Der Taufbrunnen selbst ist besonders gestaltet: Am Rand des Taufbeckens stehen (nach Möglichkeit) die brennenden Taufkerzen der Kinder, deren Tauftag gefeiert wird; im Becken befindet sich Weihwasser; und vor dem Becken steht das Chrisamgefäß und liegen die Taufkleider.
Der Weg vom Taufbecken weg ist nur als reiner Weg gelegt.
L oder K stellt sich an den Weg zum Taufbrunnen hin.

L oder K: Wir sind bis zur Taufe einen gemeinsamen Weg gegangen. Um Jesus noch besser kennen zu lernen, haben wir aus der Bibel gelesen, miteinander gesungen und gebetet.

An dieser Stelle werden die auf den Weg gelegten Gegenstände genannt. Sie werden beschrieben, und es wird erläutert, welchen Schritt auf dem Weg zur Taufe sie versinnbildlichen.
Dann begibt sich L zum Taufbrunnen.

L: Hier sind N. und N. mit Wasser getauft worden. Jeder Mensch, jedes Tier und jede Pflanze braucht Wasser zum Leben. Das Wasser, das ich ihnen bei der Taufe über den Kopf gegossen habe, sagt: »Jesus will, dass du lebst! Gott hat dich erschaffen. Er liebt dich und lässt dich nie allein. Er gibt dir alles, was zum Leben gehört.«
Das Licht der Taufkerze sagt: »Es soll keine Dunkelheit und Angst in deinem Leben geben. Jesus ist bei dir. Sein Licht macht dein Leben hell und warm.«
Das Taufgewand hatte N. nach seiner Taufe an. Es sagt: »So nah, wie der Stoff an deinem Körper ist, so nah ist dir Jesus. Er begleitet dich und schützt dich.«

L oder K begibt sich zum Weg, der vom Taufbrunnen wegführt.

L oder K: Nach der Taufe ist es weitergegangen. Viel ist geschehen in den Familien und im Kindergarten und überall auf der Welt. Erzählt bitte einmal, woran ihr euch heute noch erinnern könnt.

Kinder, deren Taufjubiläum gefeiert wird, können etwas von der Zeit nach der Taufe erzählen und einen Gegenstand/ein Bild zum Zeichen für ihre Erlebnisse auf den Weg legen.
Erzieher/-innen erzählen von den Neuigkeiten im Kindergarten, die nach der Taufe geschehen sind (Kinder sind eingeschult worden, neue Kinder

wurden aufgenommen, es gab einen Ausflug, es gab ein Spielfest, wir haben Ostern und Weihnachten gefeiert usw.), und legen einen Gegenstand/ein Bild zum Zeichen für diese Geschehnisse auf den Weg.

L: Auf unseren Wegen geht Jesus mit. Er lässt uns nicht allein. Sein Licht scheint überall, wo wir sind.

L nimmt die brennenden Taufkerzen und stellt sie auf den Weg, der vom Taufbrunnen wegführt.

𝄞 **Lied:** Gottes Wort ist wie Licht in der Nacht,
oder: Lasst uns miteinander

Schriftlesung: Mt 28,16–20 (aus einer Kinderbibel)

Katechese

L: Die Freunde von Jesus waren traurig. Sie hatten darauf vertraut, dass Jesus sie nicht allein lässt. Nun war er tot, und sie fühlten sich einsam und verlassen. Schon glaubten sie, dass alles vorbei sei. Vielleicht sogar, dass alles, was Jesus ihnen versprochen hatte, nicht stimmte. Alles war dunkel und traurig für sie.
Doch da erfahren sie: Jesus ist nicht tot. Er lebt! Das tröstet sie und macht sie froh. Alles, was dunkel ist, wird hell durch das Licht der Freude. Sie wissen nun: Jesus hält, was er verspricht. Er ist bei ihnen, alle Tage bis zum Ende der Welt.
Auch wir dürfen darauf vertrauen, dass Jesus bei uns ist. Sein Licht strahlt auf alle Wege, die wir gehen, und wird uns zum Ziel führen.

Fürbitten

L: Jesus, du bist hier mitten unter uns. Wir dürfen dir alles sagen. Höre, um was wir dich bitten.

- V: Für die Kinder, die im vergangenen Jahr getauft worden sind. Lass sie spüren, dass du bei ihnen bist.
- V: Für ihre Eltern, dass sie ihre Kinder im Glauben begleiten.
- V: Für alle Kinder auf der Welt, dass sie in Frieden und Geborgenheit aufwachsen können.
- V: Für unseren Kindergarten, dass er ein Ort ist, an dem Kinder mit Freude lernen, spielen und wachsen.
- V: Für die Menschen, die schon gestorben sind, dass sie nun bei dir zu Hause sind.

L: Darum bitten wir dich, denn du bist unser Freund, heute und unser ganzes Leben lang.

A: Amen.

Vaterunser

L: Jesus selbst brachte seinen Freunden das Gebet bei, das auch wir heute noch beten. Beten wir gemeinsam das Vaterunser.

Das Vaterunser kann gesprochen, mit Gesten begleitet oder gesungen werden.

Schlussgebet und Segen

L: Jesus, du bist unser Freund.
In der Taufe dürfen wir das ganz besonders spüren.
Dafür danken wir dir und bitten dich,

dass unsere Freundschaft uns durch unser ganzes Leben begleitet.

A: Amen.

L: Das Kreuz ist das Zeichen von uns Christinnen und Christen. Es erinnert uns an Jesus, der am Kreuz gestorben ist und von den Toten auferstand.
Wenn wir gleich gemeinsam das Kreuzzeichen machen, dann wird deutlich: Wir gehören dazu. Wir gehören zu Jesus – zu Gott, der uns mit seinem Segen begleitet.
Und so segne und behüte uns der dreifaltige Gott:
der Vater, der Sohn und der Heilige Geist.

A: Amen.

𝄞 **Schlusslied:** Gott, dein guter Segen

Für Grundschulkinder und ihre Familien

Kinder, die im Grundschulalter getauft worden sind, haben ihre Aufnahme in die Kirche sehr häufig im Zusammenhang mit der Erstkommunionvorbereitung erlebt. Die Erinnerungen an die eigene Taufe sind daher eng verbunden mit denjenigen an die eigene Erstkommunion im Kreise einer größeren Zahl anderer Kinder. In einem solchen Fall kann es von Vorteil sein, das Taufjubiläum gemeinsam mit den anderen Erstkommunionkindern desselben Jahrgangs zu feiern.

In einigen Gemeinden ist es bereits Tradition, dass in jedem Jahr zu einem festen Zeitpunkt eine Tauffeier für Kinder im Grundschulalter stattfindet. In diesem Fall können die Kinder, die im Vorjahr und auch in den zurückliegenden Jahren getauft worden sind, zur Tauffeier eingeladen werden, die dann zugleich die Feier des Taufgedächtnisses der Erstkommunionkinder und der Kinder ist, die im Vorjahr/in den Vorjahren getauft worden sind.

In dem Fall, dass die Taufe der Kinder im Leben der Grundschule eine bedeutende Rolle gespielt hat, kann das Taufgedächtnis in einen Schulgottesdienst integriert werden. Unabhängig davon kann ein Fest zum Taufgedächtnis für die Familien (gemeinsam mit Patinnen und Paten, Freundinnen und Freunden) gefeiert werden.

Fest für die Kinder und ihre Familien

Ein Fest für Kinder, deren Taufjubiläum gefeiert wird, mit ihren Familien, Patinnen und Paten ist vor allem dann eine gute Idee, wenn die Kinder vor ihrer Taufe in einer eigenen Gruppe vorbereitet wurden und/oder es vorbereitende Treffen in einer Elterngruppe gegeben hat. So kann ein Fest nach einem Jahr (oder auch nach längerer Zeit) ein Wiedersehens-Fest sein.

Beispiel für eine Einladung

Als Termin für ein Wiedersehens-Fest bietet sich ein Samstag- oder Sonntagnachmittag an. Eine Einladung kann folgendermaßen aussehen:

Liebe/Lieber N.,
liebe Familie N.,
nun ist es ein Jahr her, dass du, liebe/lieber N. in unserer Kirche getauft worden bist. Vorher sind wir einen langen Weg miteinander gegangen. In der Zeit der Vorbereitung haben wir gemeinsam aus der Bibel gelesen, unsere Kirche kennen gelernt, miteinander gebetet und gesungen. Gemeinsam haben wir erfahren, dass Jesus unser aller Freund ist und uns durch das Leben begleitet.
Ein Jahr nach der Taufe möchten wir gemeinsam mit dir und Ihnen ein Fest feiern. Wir würden uns freuen, wenn wir am (hier werden das Datum und der Ort gut lesbar eingesetzt) gemeinsam den Jahrestag begehen könnten. Zunächst treffen wir uns am Taufort in der Kirche zu einem kurzen Impuls. Liebe/Lieber N., bitte bringe zu dieser Feier deine Taufkerze mit. Bei Kaffee, Kuchen und kalten Getränken gibt es dann die Gelegenheit zu erzählen, Fotos zu zeigen, einander besser kennen zu lernen. Während die Erwachsenen noch Zeit zum Erzählen haben, wird Frau/Herr N. aus unserer Gemeinde ein Programm für die Kinder ausrichten.
Wären Sie so freundlich und würden Sie uns Nachricht geben, ob Sie kommen werden? Eine Hilfe wäre es für uns, wenn Sie uns das Alter der Geschwisterkinder und auch das der Kinder der Paten/Patinnen nennen würden – dann können wir das Kinderprogramm besser vorbereiten.
(An dieser Stelle folgen Kontaktangaben wie Telefon, Fax, E-Mail …)

Ihnen einen herzlichen Gruß,
Ihr

(Es unterschreiben der Taufpriester, der Pfarrer der Gemeinde, ggf. weitere Hauptamtliche und an der Vorbereitung beteiligte Gemeindemitglieder.)

Besonders persönlich wirkt die Einladung, wenn zum Beispiel ein Foto des Kindes oder ein Gruppenfoto von der Tauffeier beigelegt wird. Abzuraten ist davon, das Schreiben per Kopierer herzustellen – das wirkt eher wie eine Infopost. Mit Hilfe des Computers lässt sich recht einfach ein personalisierter Brief erstellen.

Die Einladung sollte persönlich übergeben werden. Das ist besonders dann naheliegend, wenn eine Seelsorgerin oder ein Seelsorger der Gemeinde in der Schule Religionsunterricht oder Kontaktstunden erteilt und das Kind, das mit seiner Familie eingeladen werden soll, regelmäßig trifft. Ziel soll sein, dass sich die Familie herzlich willkommen fühlt. Bei der Zustellung der Einladung per Post kann der Brief schnell unter einem Stapel von Rechnungen verschwinden.

Die Erfahrung zeigt, dass sich ein Teil der eingeladenen Familien nicht auf die Einladung meldet. Hier lohnt es sich, noch einmal telefonisch nachzufragen. Manchmal geriet die Einladung einfach in Vergessenheit, manchmal hilft das persönliche Gespräch, Hemmschwellen zu beseitigen. In jedem Falle ist es sehr nützlich, relativ verbindlich zu wissen, wer zum Treffen kommt.

Gestaltung einer Feier

Alle versammeln sich am Taufort. Dort brennt bereits die Osterkerze.

Begrüßung

L: Liebe/Lieber N. und N.,
hier an dieser Stelle seid ihr getauft worden.

Diese Stelle ist etwas ganz Besonderes.
Hier habt ihr und haben eure Eltern, Patinnen und Paten Ja zum Glauben gesagt.
In der Taufe konntet ihr und konnten Sie erfahren, dass Gott Ja zu N. und N. sagt.
Dieses Ja galt nicht nur am Tag der Taufe. Es gilt für das ganze Leben.
In der Zwischenzeit ist viel geschehen.
Ihr, N. und N., seid gewachsen. Ihr seid nun in einer anderen Klasse. Bestimmt habt ihr viel erlebt und gelernt. Und auch eure Eltern, Geschwister, Patinnen und Paten haben viel erlebt.
Wir alle bringen viele Erlebnisse mit, die wir im Gedächtnis tragen. Das können schöne Erlebnisse sein, wenn wir uns an etwas erinnern, das Freude gemacht hat. Das können aber auch ungute Erinnerungen sein, zum Beispiel daran, dass wir krank waren, Angst hatten und uns mit jemandem gestritten haben.

Lichtritus

L: Jesus nimmt uns an, so, wie wir sind. Er hat uns gesagt, dass er immer bei uns ist – unser ganzes Leben lang. Er will uns nicht nur in den Feststunden des Lebens begleiten, sondern auch in den dunklen Stunden. Seine Liebe und Freundschaft zu uns kann das Leben hell machen. Das Licht der Osterkerze will uns das noch einmal zeigen. Sie wird in der Osternacht entzündet, wenn die Kirche die Auferstehung Jesu Christi feiert. Über den Tod *(L zeigt auf das Kreuz auf der Osterkerze)* siegt das Leben *(L zeigt auf die Flamme)*. Und die Freude dieses Lebens ist uns allen in der

Taufe zugesagt. Als ihr, liebe/lieber N. und N. getauft worden seid, hat eine Patin oder ein Pate von euch die Taufkerze das erste Mal für euch angesteckt. Ihr Licht bekam sie von der Osterkerze. Das Licht des Lebens und der Liebe Gottes scheint aber nicht nur in der Tauffeier, sondern im ganzen Leben. Zum Zeichen dafür zünden wir nun eure Taufkerzen noch einmal an der Osterkerze an.

Die Kinder zünden die Taufkerze an der Osterkerze an; bei größeren Gruppen kann es hilfreich sein, während dieser Zeit meditative Musik von einer CD zu spielen. L spricht erst weiter, wenn alle Kerzen brennen. Für den Fall, dass einige Familien die Taufkerzen vergessen haben, liegen einfache Kerzen als Ersatz bereit.

L: Nun brennt das Licht der Osterkerze, das Lebenslicht Jesu Christi, auf allen unseren Kerzen. Es zeigt uns auch: Jesus Christus ist bei uns. Das hat er zugesagt, als er nach der Auferstehung seinen Freunden erschien: »Ich bin bei euch alle Tage bis zum Ende der Welt« (Mt 28,20).

𝄞 **Lied:** Wo zwei oder drei in meinem Namen versammelt sind

Segen

L: Jesus begleitet uns durch das Leben. Uns allen ist sein Schutz zugesagt. Sein Segen begleitet uns durch das Leben.

Eine Möglichkeit ist an dieser Stelle die individuelle Segnung jedes Kindes. L geht dann zu jedem einzelnen Kind (nicht nur zu denen, die Tauftag feiern) und segnet es mit den Worten:

L: N., Jesus Christus segne und beschütze dich.

L *(anschließend):* Jesus Christus, du bist bei uns alle Tage. Dafür danken wir dir. Segne und behüte uns alle heute und unser ganzes Leben lang.
Im Namen des Vaters und des Sohnes und des Heiligen Geistes.
A: Amen.

Alternativ kann ein Wasserritus vollzogen werden:

L: Wir sind einmal getauft worden und leben nun als Getaufte ein neues Leben, denn Jesus ist bei uns. Hier im Taufbrunnen befindet sich Taufwasser. Zum Zeichen, dass wir zu Jesus gehören, machen wir mit diesem Taufwasser das Kreuzzeichen über uns.

Jede und jeder bekreuzigt sich mit Taufwasser aus dem Taufbrunnen.

L: Jesus Christus, in der Taufe hat für uns ein neues Leben angefangen. Es ist ein Leben in Freundschaft mit dir. Sei bei uns heute und alle Tage. Segne und behüte uns.
Im Namen des Vaters und des Sohnes und des Heiligen Geistes.
A: Amen.

𝄞 **Schlusslied:** Gott, dein guter Segen

❖ *Ideen für die anschließende Begegnung*

Die anschließende Begegnung kann in verschiedenen Phasen stattfinden. Möglich ist folgender Ablauf:

- Einheit zur Tauferinnerung (a)
- Beisammensein bei Kaffee und Kuchen (b)
- Gelegenheit zum lockeren Gespräch für die Erwachsenen und Spielangebote für die Kinder (c)
- Abschluss (d)

Für die *Einheit zur Tauferinnerung (a)* kann folgende Methode nützlich sein: In der Mitte eines Stuhlkreises ist aus dunklen Tüchern ein Weg gelegt. In seiner Mitte steht eine Schale mit Wasser. Auf dem Weg zur Wasserschale hin sind Gegenstände oder Bilder ausgelegt, die auf dem Weg der Taufvorbereitung eine Rolle gespielt haben. Die Kinder (und vielleicht auch die Erwachsenen) können nun erzählen, was ihnen zu diesem Weg einfällt; L hilft dabei. Der Weg von der Wasserschale weg ist noch frei. Auf einem Tisch am Rand des Raumes liegen verschiedene Bilder und Gegenstände. In Stille (zur Unterstützung kann leise Musik von einer CD eingespielt werden) können alle einige Bilder und Gegenstände aussuchen, die für sie ein wichtiges Erlebnis aus der Zeit nach der Taufe versinnbildlichen. Danach legen alle die ausgesuchten Gegenstände oder Bilder auf den zunächst noch leeren Weg und berichten kurz von ihren Erlebnissen. Am Schluss stellt L eine Kerze (vielleicht eine kleine Osterkerze) in die Mitte des Weges und betet: »Guter Gott, du bist da auf unseren Wegen. Mit deinem Licht begleitest du uns an jeden Ort, an dem wir sind. Dafür danken wir dir und bitten dich, dass wir in unserem ganzen

Leben spüren, dass du da bist. Amen.« Es folgt ein gemeinsames Lied, zum Beispiel: Gottes Liebe ist wie die Sonne, oder: Bleib bei uns, Herr, zu aller Zeit.

Für das *Beisammensein bei Kaffee und Kuchen (b)* sind – am besten in einem anderen Raum – Tische festlich gedeckt, auf denen Kerzenständer für die Taufkerzen stehen; dadurch kommt der festliche Charakter der Begegnung zum Ausdruck. Am Rand des Raumes können Tische aufgestellt werden, auf die jede Familie einige Fotos von der Taufe ihres Kindes legt.

Das lockere *Gespräch der Erwachsenen (c)* ist unproblematisch, wenn die Eltern ihre Kinder gut betreut wissen. *Spiele für die Kinder* sollten altersgerecht sein und von erfahrenen Personen wie Jugendgruppenleitern/Jugendgruppenleiterinnen oder Erziehern/Erzieherinnen organisiert werden.

Der gemeinsame *Abschluss (d)* findet wieder in dem Raum statt, in dem auch die Einheit zur Tauferinnerung stattgefunden hat und in dem der gemeinsam gestaltete Weg liegt.

Grundschul-Wortgottesdienst

Im Altarraum brennen die Osterkerze und die Taufkerzen der Kinder, deren Taufjubiläum gefeiert wird.

𝄞 **Lied:** Singt dem Herrn alle Völker und Rassen

Eröffnung

L: Im Namen des Vaters und des Sohnes und des Heiligen Geistes.

A: Amen.

L: Wir Christinnen und Christen glauben daran, dass wir nicht allein durch unser Leben gehen müssen. Gott geht unseren Weg mit uns, weil er uns liebt und unser Leben will. Das haben Menschen immer wieder erfahren dürfen. Vor einem Jahr sind N. und N. getauft worden. Sie haben Ja zu Gott gesagt. Dieses Ja sagen wir nicht nur einmal in dem festlichen Moment der Taufe. Das Ja zu Gott sagen wir immer wieder auf dem ganzen Lebensweg. So, wie sich jede und jeder immer wieder freut, wenn er eine gute Freundin oder einen guten Freund trifft, so freut sich Gott über uns, und so freuen sich Menschen über Gott. Denn Gott schenkt uns seine Freundschaft.

Kyrie

L: Echte Freundschaft wird nicht zerstört, wenn einmal Streit war. Echte Freunde können verzeihen, weil sie wissen: Es verbindet uns ganz viel. In der Freundschaft mit Gott verbindet uns auch ganz viel. Darum dürfen wir ihm alles sagen und anvertrauen.

Als Kyrie eignet sich eines der folgenden Lieder: Ohren gabst du mir, Hören fällt mir schwer, oder: In Ängsten die einen.
Alternativ antwortet die Gemeinde auf die folgenden Anrufungen mit dem gesungenen Antwortruf »Kyrie/Christe eleison«:

- Du kennst uns mit allem, was uns gut gelingt und was uns misslingt.
- Du verzeihst uns, wenn wir etwas Schlechtes getan haben.
- Du hast uns deine Freundschaft geschenkt, die ewig gilt.

Guter Gott, wir danken dir, dass du für uns da bist und uns verzeihst, was wir an Bösem getan haben. Hilf uns, das Gute zu tun.

A: Amen.

Schriftlesung: Lk 10,30–37

Katechese

Fürbitten

L: Guter Gott. Du bist bei uns. Höre, um was wir dich bitten:

- V: Für die Kinder auf dieser Welt. Dass sie dich spüren.
- V: Für N. und N., die vor einem Jahr getauft wurden. Dass sie erfahren, dass du mit ihnen durch das Leben gehst.
- V: Für die Kinder, die in Not und Armut leben. Dass sie das bekommen, was sie zum Leben brauchen.
- V: Für die Menschen, die schon gestorben sind. Dass sie bei dir ein ewiges Zuhause finden.

L: Denn du, Gott, bist gut. Du liebst uns. Gib uns die Kraft, auf dich zu hören, und die Freude, die der Glaube schenkt. Darum bitten wir dich durch Jesus Christus.

A: Amen.

Vaterunser

L: »Wie sollen wir beten?«, fragten Jesus seine Freunde einmal. Er brachte ihnen das Gebet bei, das auch heute noch alle Christinnen und Christen beten.

Das Vaterunser wird gemeinsam gesungen.

Schlussgebet und Segen

L: Guter Vater,
du hast uns unser Leben geschenkt
und bist immer bei uns.
Wir danken dir und bitten dich,
dass du uns hilfst, das Gute zu tun.
Bleibe bei uns und segne uns,
im Namen des Vaters und des Sohnes und des Heiligen Geistes.

A: Amen.

𝄞 **Lied:** Bleib bei uns, Herr, zu aller Zeit

Gemeindegottesdienst für die in einem bestimmten Zeitraum neu getauften Gemeindemitglieder

In vielen Gemeinden gibt es schon eine Tradition von Jubiläen: Silber- und Goldkommunion, Ehejubiläen, Pfarrjubiläen und Priesterweihejubiläen finden in fast jeder Pfarrei statt. Diese Feste werden zumeist im Sonntagsgottesdienst begangen.

Damit wird deutlich: Diese Jubiläen sind Sache der ganzen Gemeinde.

Auch die Taufe ist Sache der ganzen Gemeinde. Je häufiger dies in das Bewusstsein gerät, desto mehr besteht Anlass für eine Taufjubiläumsfeier im Rahmen des Sonntagsgottesdienstes. Einen solchen Gottesdienst zu feiern bietet sich gerade dann an:

- wenn eine größere Zahl von Personen getauft worden ist und es zum Beispiel eine Taufvorbereitung in der Gruppe gegeben hat,
- wenn die Taufe von Kindern und Erwachsenen zu einem bestimmten Zeitpunkt im Kirchenjahr (etwa in der Osternacht oder am Weißen Sonntag) üblich ist,
- wenn die neu Getauften Anschluss an die Gemeinde gefunden haben.

Als Zeitpunkt eignet sich besonders ein Sonntag in der Osterzeit oder auch das Fest der Taufe Jesu. Da das Taufjubiläum im Rahmen eines Sonntagsgottesdienstes gefeiert wird, orientiert sich die Liturgie im Wesentlichen an den liturgischen Vorgaben des Tages. Sinnvoll ist es, in der Einleitung, der Homilie und den Fürbitten das Taufjubiläum besonders zu erwähnen.

Einleitung

L: Schwestern und Brüder, liebe Mädchen und Jungen,
heute feiern wir das Taufjubiläum von *(L nennt die Anzahl)* Gemeindemitgliedern. Ihre Taufe war am
(hier werden die Daten genannt).
Das ist ein Grund zum Feiern!
Jesus Christus hat diese Mitchristinnen und Mitchristen gerufen.
Sie haben erfahren, dass ihr Leben Sinn hat
und in Gott seine Erfüllung findet.
Danken wir im Gottesdienst dafür,
dass er immer wieder Menschen zum Glauben beruft
und mit dem festen Vertrauen beschenkt,
dass er uns nicht verlässt.

Taufgedächtnis

Das Taufgedächtnis kann den Bußakt der Gemeinde ersetzen. Da die Gottesdienstgemeinde eine Gemeinschaft von Getauften ist, sollte das Taufgedächtnis sich auf alle Mitfeiernden beziehen.
Damit nicht in den Hintergrund tritt, dass einige Kinder (und ggf. auch Erwachsene) an diesem Tag ihr Taufjubiläum feiern, kommen diese zum Taufgedächtnis zu L zum Taufort.

L: Hier seid ihr getauft worden. Hier wurde euch das Taufwasser über den Kopf gegossen. Ganz besonders war zu spüren, dass Gott da ist und dass er euer Freund ist. Dafür danken wir heute, *(L nennt die Anzahl)* Monate/Jahre danach, ganz besonders. Wer getauft ist, beginnt das neue Leben als Christin oder Christ und darf gewiss sein, dass Gott bei ihm ist. Mit diesem Taufwasser *(L nimmt etwas Taufwasser/Weihwasser aus der Taufschale oder einem anderen Gefäß)* zeichne ich euch das Kreuz auf die Stirn *(L zeichnet jeder/jedem einzeln ein Kreuz auf die Stirn)*. Das Kreuz Christi sagt: »Du bist Christin, du bist Christ.«

Danach kann das Taufgedächtnis der Gemeinde erfolgen.

L: Wir alle sind Gottes Kinder. Wir sind sein Volk! Danken wir Gott für seine Freundschaft, und danken wir ihm, dass wir in der Taufe in seine Kirche aufgenommen worden sind.

L besprengt die Mitfeiernden mit Hilfe eines Aspergills mit Taufwasser/Weihwasser. 𝄞 *Dazu singt die Gemeinde ein Tauflied, wie: Fest soll mein Taufbund immer stehn, oder: Ich bin getauft und Gott geweiht.*

Homilie

Die Homilie kann sich an folgenden Punkten orientieren:

- Gott ist der Ursprung allen Lebens.
- Gott will, dass das Leben seiner Geschöpfe gelingt.
- Gott schenkt Vergebung und bietet seine Freundschaft an.

Fürbitten

Der Antwortruf der Gemeinde lautet: »Wir bitten dich, erhöre uns.« Es kann auch die erste Strophe des Liedes »Das wünsch' ich sehr, dass immer einer bei mir wär« gesungen werden.

L: Guter Gott, dein Sohn Jesus Christus ist unser Freund. In der Taufe haben wir erfahren, dass du uns in deinem guten Geist begleitest. Höre, um was wir bitten:

- V: Wir bitten dich für alle Menschen, die getauft worden sind. Dass sie erfahren, dass du da bist und uns liebst.
- V: Wir bitten dich für unsere Gemeinde. Dass sie immer wieder spürt, dass der Glaube froh macht.
- V: Wir bitten dich für alle Menschen, die traurig sind. Dass sie Menschen begegnen, die ihnen von ihrer Freude am Glauben weitergeben.
- V: Wir bitten dich für alle Menschen, die Not leiden. Dass andere ihre Not sehen und ihnen helfen.
- V: Wir bitten dich für alle Menschen, die gestorben sind. Dass sie nun bei dir zu Hause sind.

L: Darum, guter Gott, bitten wir dich. Wir vertrauen auf dich, denn du hast uns versprochen, immer bei uns zu sein. Dafür danken wir dir, heute und alle Tage.

A: Amen.

Taufkerzen selbst gestalten

Taufkerzen gibt es in Fachgeschäften, teils sogar in Drogeriemärkten zu kaufen. Solche Kerzen sind oft recht hübsch gestaltet. Je nach Geschmack sind sie schlicht mit einem Kreuz bedruckt, oder es finden sich bunte Bilder, ja gar Engel auf dem Kerzenschaft.

Mit überschaubarem Aufwand lassen sich Taufkerzen auch individuell gestalten. Der Kerzenfachhandel bietet dafür zu vergleichsweise günstigen Preisen schlichte weiße Kerzen und farbiges Plattenwachs an. Zumeist halten die Kerzenlieferanten der Kirchengemeinde dieses Material vorrätig. Auch Bastelgeschäfte bieten farbige Wachsplatten an, dort jedoch zumeist in kleineren Gebinden. Es gibt auch spezielle Kerzenmalstifte, deren Farbe allerdings nicht so kräftig deckt wie Plattenwachs.

Mit einfachen Küchenmessern oder großen Stecknadeln lassen sich auf einer festen Unterlage (etwa einer Glasplatte oder einem glatten Küchenbrettchen) Motive ausschneiden, die dann mit leichtem Druck an der Kerze befestigt werden. Schmale Plattenwachsstreifen lassen sich zu Buchstaben biegen, sodass auch der Name des Kindes und das Datum der Taufe auf der Kerze angebracht werden können.

Kleinere Kinder werden noch Schwierigkeiten mit der Gestaltung einer Taufkerze haben. Grundschulkinder sind dazu schon in der Lage, doch ist es von Vorteil, wenn ihnen ein Erwachsener dabei hilft.

Motivvorschläge für die Taufkerze:

Taufgewänder

Bereits die ersten Christinnen und Christen trugen nach ihrer Taufe ein weißes Kleid. Die helle weiße Farbe verwies vor allem darauf, dass die Taufe von aller Schuld befreit und alles, was dunkel und böse ist, abgewaschen hat. Im Galaterbrief heißt es außerdem: »... ihr alle, die ihr auf Christus getauft seid, habt Christus als Gewand angelegt« (Gal 3,27). Christus ist jedem Menschen, der getauft ist, so nah wie die Kleidung auf dem Leib. Die Symbolik des Taufgewandes ist sehr ausdrucksstark. Daher sollte man auf ein Taufgewand nicht verzichten. Als Alternative wird manchmal ein weißer Taufschal verwendet. Er bietet den Vorteil, dass die Gemeinde ihn sehr verschieden großen Personen zur Verfügung stellen kann. Allerdings besteht die Gefahr, dass er mit einer Stola verwechselt wird.

Fast jede Gemeinde besitzt Taufgewänder für Säuglinge. Gewänder für größere Kinder sind selten vorrätig. Im Handel gibt es inzwischen schlichte Gewänder für Erstkommunionkinder. Diese sind auch als Taufgewand einsetzbar, wenn sie aus weißem Stoff gefertigt sind. Eine weitere Möglichkeit ist es, ein Taufkleid mit einfachen Mitteln selbst zu schneidern. Das unten abgebildete Schnittmuster kann hierfür als Vorlage dienen.

Taufkleid für ein Kind von 5–6 Jahren:

- *Körpergröße messen; Spanne vom Handgelenk über den Rücken bis zum anderen Handgelenk messen.*
- *Ärmel ansetzen.*
- *Gummizug am Ärmelsaum anfertigen, da die Ärmellänge so leicht ausgeglichen werden kann.*
- *Stehbündchen für die Halskante, evtl. Schrägstreifen und Reißverschluss annähen.*
- *Nach Wunsch Taufsymbole applizieren: Taube, Wasser, Licht ...*

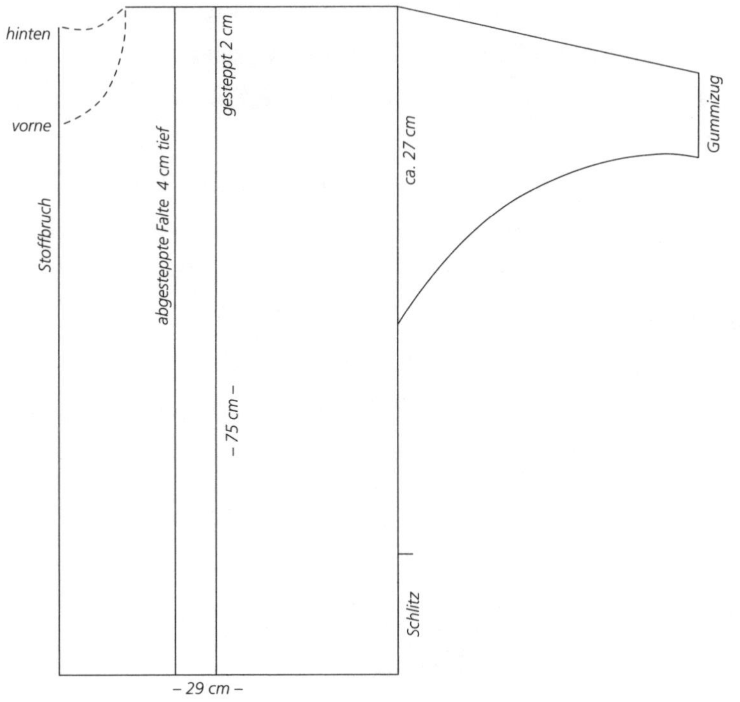

Nach einer Handzeichnung von Frau Anneliese Klein, Duisburg

Taufurkunden und Patenurkunden

Die Taufe wird in die Pfarrmatrikel eingetragen. Im Taufbuch werden später weitere Sakramente wie die Firmung, die Ehe oder die Weihe vermerkt. Üblich ist auch, die Taufe in einen Vordruck auf der Rückseite der Abstammungs- oder Geburtsurkunde, die das Standesamt ausgestellt hat, einzutragen. Hier geht es vor allem um die rechtlich verbindliche Dokumentation.

Zusätzlich hierzu können Tauf- und Patenurkunden ausgestellt werden, die dem Zweck dienen, an die Taufe zu erinnern, und die Möglichkeit bieten, den getauften Kindern und den Patinnen und Paten ein Zeichen der Verbundenheit mit auf den Weg zu geben. Über den Urkundencharakter hinaus können sie Platz bieten für ein Gebet, für das Bild der Kirche und/oder des Taufortes und für ein Foto von der Taufe.

Die unten stehenden Vorlagen müssen jeweils personalisiert werden. Eine Urkunde ist immer etwas Besonderes. Daher empfiehlt es sich, die Tauf- oder Patenurkunde auf besonderem Papier auszudrucken. Der Schreibwarenhandel hält entsprechendes Papier (mit Büttenoptik, Wasserzeichen, Unterdruck) bereit.

Taufurkunde

Seite 4

Deine Hände sollen Sicherheit geben
Und Zärtlichkeit
Deine Füße sollen nicht wanken
Deine Augen sollen das Heil sehen
Und sich vor dem Unheil nicht schließen
Deine Hand soll offen sein
Dein Mund soll uns neue Lieder singen
Und staunend mit uns schweigen
Deine Ohren sollen lauschen lernen
Und deine Hand gehalten sein

Markus Tomberg

*(aus: Ders., Zur Taufe Gottes Segen,
Verlag Herder 2006)*

Seite 1

Katholische
Kirchengemeinde
St. N.
(Ort eintragen)

TAUFURKUNDE

Seite 2

Am *(Datum eintragen)*
bist du, N.,
durch das Sakrament der Taufe
in die Kirche aufgenommen worden.

Deine Paten/Patinnen sind
N.
N.

*(Pfarrsiegel und Unterschrift
des Taufspenders hinzusetzen)*

Seite 3

Raum zum Einkleben
eines Fotos von der Taufe

Patenurkunde

Seite 4

Für jemanden da sein –
eine schwere Aufgabe ist das,
und eine so notwendige.
Menschen helfen Menschen,
dass Leben gelingt.
Sie erzählen von dem,
was das Dasein reich und schön macht.
Gott schafft Leben.
Er will, dass Leben gelingt.
Er wird es zum Ziel führen.
Welch eine Lebensbotschaft!
Patinnen und Paten sagen diese
Lebensbotschaft weiter.
Sie schenken weiter, was sie selbst
erhalten haben: ihren Glauben.
Für jemanden da sein –
eine schöne Aufgabe ist das,
und eine so notwendige.

»Ihr werdet meine Zeugen sein.«
(Apostelgeschichte 1,8)

Seite 1

Katholische
Kirchengemeinde
St. N.
(Ort eintragen)

PATENURKUNDE

Seite 2

Am (Datum eintragen)
haben Sie, Frau/Herr N.,
zusammen mit Frau/Herrn N.
die Taufpatenschaft
für N. übernommen.

(Pfarrsiegel und Unterschrift
des Taufspenders hinzusetzen)

Seite 3

Raum zum Einkleben
eines Fotos von der Taufe

Gestaltung des Taufortes

Die Taufe ist ein besonderes Fest. Wer eine Feier ausrichtet, schmückt den Festsaal und drückt damit aus: Das Fest ist mir wichtig! Dies ist am Ort der Taufe auch möglich. Möchte man den Taufort besonders gestalten, ist es hilfreich, auf folgende Faktoren zu achten:

- In vielen Fällen steht der Taufbrunnen am *Eingang* in der Nähe des Kirchenportals. Dadurch wird deutlich, dass die Taufe der Eingang in die Gemeinschaft der Kirche ist. Die Taufe ist der Beginn für ein Leben als Christin oder Christ.
- Manchmal gibt es in der Kirche eine eigene *Taufkapelle*. Die Taufe ist ein besonderes Sakrament, und daher gibt es dafür auch einen besonderen Ort.
- Fast immer ist der Taufbrunnen *künstlerisch gestaltet*. Meist lohnt es sich, darauf im Taufgottesdienst einzugehen und die Darstellungen des Taufbrunnens in die Predigt oder Katechese einfließen zu lassen. Die Möglichkeiten sind sehr vielfältig und hängen von den jeweiligen Gegebenheiten ab. Manchmal gibt es auch besonders gestaltete Kirchenfenster, manchmal eine besondere Wandbemalung ...

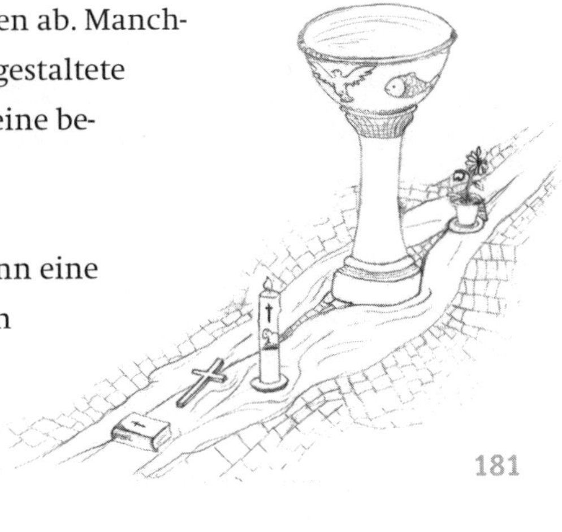

Das nebenstehende Beispiel kann eine Anregung sein und ist für einen Taufort am Eingang der Kirche entwickelt.

Lieder zur Taufe und den ausdeutenden Riten

Alle meine Quellen entspringen in dir

2. Du bist der Geist, der in uns lebt,
der uns reinigt, heilt und hilft.
Ströme ...
3. Du bist das Wort, das mit uns geht,
das uns trägt und uns die Richtung weist.
Ströme ...

4. Du bist der Glaube, der uns prägt,
der uns stark macht, offen und bereit.
Ströme ...
5. Du bist die Liebe, die befreit,
die vergibt, wenn uns das Herz anklagt.
Ströme ...
6. Du bist das Licht in Dunkelheit,
Du erleuchtest unsern Lebensweg.
Ströme ...
7. Du bist das Lamm, das sich erbarmt,
das uns rettet, uns erlöst und liebt.
Ströme ...

Text und Musik: Sr. Leonore Heinzl, Kloster Maria Medingen, 89426 Mödingen.

Der Himmel geht über allen auf (EH 113, bHal 93, TG 785, Wds 36)

Effata, öffne dich (siehe S. 99)

Halleluja – Ihr seid das Volk, das der Herr sich ausersehn (bHal 25, LzU 37, Wds 82)

Ich habe einen Namen (DgL 58)

Ich schreibe meinen Namen (DgL 127, LzU 46)

Ich trage einen Namen (DgL 59, LzU 47)

Wort-Gottes-Lieder

Der Chaos schuf zu Menschenland (bHal 90)
Gottes Wort ist wie Licht in der Nacht
(EH 22, bHal 80, LzU 34, TG 706)
Herr, gib uns Mut zum Hören (GL 521)
Herr, wir hören auf dein Wort (GL/Essen 803)

Glaubenslieder

Die Sonne hoch am Himmelszelt (bHal 96, TG 408, Wds 41)
Eine große Stadt ersteht (GL 642)
Eingeladen zum Fest des Glaubens (TG 732)
Gott ruft sein Volk zusammen (GL 640)
Gottes Liebe ist wie die Sonne (bHal 82, LzU 34, TG 5)
Herr, deine Güt ist unbegrenzt (GL 289)
Herr, ich bin dein Eigentum (GL/Essen 850)
Ins Wasser fällt ein Stein (EH 141, TG 7, Wds 55)
Komm, bau ein Haus (EH 145, bHal 88, TG 813)
Mache dich auf und werde Licht (EH 91, TG 507)
Manchmal feiern wir mitten am Tag
(EH 146, bHal 138, TG 91, Wds 155)
Unser Leben sei ein Fest (EH 153, bHal 57, LzU 87,
TG 90, Wds 192)
Unser Lied nun erklingt (TG 411, Wds 193)
Vater, du hast uns einen Namen geschenkt (TG 38)
Von guten Mächten treu und still umgeben
(EH 123, bHal 70, TG 717, Wds 206)
Wer unterm Schutz des Höchsten steht (GL 291)

Wo zwei oder drei in meinem Namen versammelt sind (EH 87, LzU 100, TG 95, Wds 247)

Lieder zum Glaubensbekenntnis

Fest soll mein Taufbund immer stehn (Neufassung: GL/Essen 852)
Ich bin getauft und Gott geweiht (GL 635)
Ich glaube an den einen Gott (GL/Essen 808)
Ich glaube an Gottvater (GL/Essen 807)
Wir glauben an den einen Gott (GL 467)
Wir glauben, Herr, dass du es bist, durch den wir sind und leben (GL/Essen 806)

Heilig-Geist-Lieder

Du, Herr, gabst uns dein festes Wort (bHal 146, LzU 16, TG 95, Wds 48)
Veni sancte spiritus (aus Taizé) (bHal 142, ohne Strophen: TG 363T)
Wes Geistes Kind sind wir (bHal 143)

Lieder als Fürbittruf

Das wünsch' ich sehr, dass immer einer bei mir wär
(LzU 10, VkL 40, Wds 27)
Herr, erbarme dich (EH 5, bHal 12, Wds 91)
Segne dieses Kind (GL 636)
Ubi caritas et amor, deus ibi est (aus Taizé)
(EH 69, bHal 70, TG 362F)

Lob- und Danklieder

Dank sei dir, Vater, für das ewge Leben (GL 634)
Das ist der Tag, den Gott gemacht (GL 220)
Ein Danklied sei dem Herrn (GL/Essen 846)
Er hält mein ganzes Leben in der Hand (RKl 62,
Variante: TG 974)
Gott hat alles gut geschaffen (TG 427, Wds 75)
Ich lobe meinen Gott, der aus der Tiefe mich holt
(EH 16, bHal 20, TG 129)
Kommt, sagt es allen Leuten (bHal 64, TG 439,
Variante: Wds 133 und 134)
Lasst uns loben, freudig loben (GL 637)
Lasst uns miteinander (bHal 7, LzU 65, TG 152, Wds 145)
Laudato si (bHal 92, TG 142, Wds 148)
Lobe den Herren (GL 258)
Lobet und preiset, ihr Völker, den Herrn
(GL 282, LzU 68, TG 140, Wds 153)
Nun danket alle Gott (GL 266)

Lieder zum Segen

Bewahre uns Gott, behüte uns Gott (EH 110, TG 335)
Bleib bei uns, Herr, zu aller Zeit (gHal 132)
Gott, dein guter Segen (LzU 31, VkL 14)
Halte zu mir, guter Gott (DgL 3, LzU 39, Wds 85)
Komm, Herr, segne uns (EH 61, LzU 60, TG 337, Wds 130)
Segne dieses Kind (GL 636)

Sonstige

Gloria in excelsis deo (bHal 23)
Halleluja (mit Vorsänger, sehr gebräuchlich: GL 530,7, GL 531,5)
In Ängsten die einen (EH 173, bHal 16, TG 108, Wds 114)
Komm her, freu dich mit uns (GL 519)
Kyrie eleison (aus Taizé) (EH 7, bHal 15, TG 362E)
Lieber Gott, ich bin hier (GL 670)
Meine engen Grenzen (EH 147, bHal10, TG 155)
Ohren gabst du mir, Hören fällt mir schwer (bHal 17)
Singt dem Herrn alle Völker und Rassen (EH 104, bHal 1, TG 153, Wds 183)
Unser Freund heißt Jesus Christ (GgS 150)
Wir feiern heut' ein Fest und freu'n uns miteinander (DgL 128, RKl 118, TG 1047)

Anmerkungen

1 »Zeit zur Aussaat«. Missionarisch Kirche sein. 26. November 2000 (Die deutschen Bischöfe 68).

2 Apostolisches Schreiben Papst Pauls VI. über die Evangelisierung in der Welt von heute. 1975 (Verlautbarungen des Apostolischen Stuhls 2).

3 Vgl. ESSER, THILO: Eingeladen zum Fest des Glaubens. Kinder auf die Taufe vorbereiten. München 2003. S. 7f.

4 »Zeit zur Aussaat«. S. 29.

5 Der missionarische Auftrag der Kirche. Gemeinsamer Hirtenbrief der deutschen Bischöfe anlässlich des Bonifatius-Jubiläums. Fulda 21.09.2004.

6 Z. B. BRANTZEN, HUBERTUS: Dem Leben eine Zukunft geben. Kleiner Grundkurs zur Taufe für Eltern und Paten. Freiburg i. Br. ^{5}2006.

7 Vgl. dazu KLEINHEYER, BRUNO: Sakramentale Feiern I: Die Feiern der Eingliederung in die Kirche. Regensburg 1989 (= Der Gottesdienst der Kirche 7,1). S. 177f.

8 Sehr gut ist die Arbeitshilfe von CLAUDIA HOFRICHTER: Wir möchten, dass unser Kind getauft wird. Eine Handreichung für Taufgespräche in Elterngruppen. München 2003. Ergänzt wird diese Arbeitshilfe durch ein Elternheft: HOFRICHTER, CLAUDIA – BALL, MATTHIAS: Wir möchten, dass unser Kind getauft wird. Wie Mütter, Väter, Patinnen und Paten die Taufe ihres Kindes aktiv mitfeiern können. München 2003.
GRÜN, ANSELM: Die Taufe. Feier des Lebens. Münsterschwarzach ^{2}2001) bietet gut verständliche Erklärungen zum Thema Taufsakrament, Taufliturgie und Leben aus der Taufe. Die einzelnen Abschnitte lassen sich sehr gut für Elterngespräche verwerten.

9 Zum Beispiel: KELLER, HILTGART L.: Lexikon der Heiligen und biblischen Gestalten. Legende und Darstellung in der bildenden Kunst. Ditzingen ^{10}2005; KLEIN, DIETHARD H.: Das große Hausbuch der Heiligen. Namenspatrone, die uns begleiten. Berichte und Legenden. München 2000;

TORSY, JAKOB/KRACHT, HANS JOACHIM: Der große Namenstagskalender. 3850 Namen und 1680 Lebensbeschreibungen der Namenspatrone. Sonderausgabe, Freiburg im Breisgau 2003.

10 Im Programm des Deutschen Katecheten-Vereins (dkv), Preysingstraße 97, 81667 München, Tel. (0 89) 4 80 92-12 45, www.katecheten-verein.de, erscheint in Kürze die entsprechende Arbeitshilfe von MEIKE WAGENER-ESSER.

11 TEBARTZ-VAN ELST, FRANZ-PETER: Die Feier der Aufnahme in den Katechumenat. In: DERS. (Hrsg.): Öffne uns den Brunnen der Taufe: die Feiern der Eingliederung in die Kirche. Stuttgart 1995. S. 22–34: S. 22.

12 Ebd. S. 27–33 (als Vorschlag für die Aufnahme im Rahmen der Adventsvesper).

13 RICHTER, KLEMENS: Die Feier der Skrutinien. In: FRANZ-PETER TEBARTZ-VAN ELST (Hrsg.): Öffne uns den Brunnen der Taufe: die Feiern der Eingliederung in die Kirche. Stuttgart 1995. S. 56–69: S. 56.

14 Ebd.

15 3. Fastensonntag: Joh,4,5–42: Frau am Jakobsbrunnen; 4. Fastensonntag: Joh 9,1–41: Heilung des blind Geborenen; 5. Fastensonntag: Joh 11,1–45: Lazarus. Predigtvorschlag für Joh 4,5–42 bei RICHTER: Skrutinien. S. 63f.; Vorschlag für die liturgische Ausgestaltung der Skrutinienfeier (für erwachsene Taufbewerberinnen und -bewerber) ebd. S. 65–67.

16 Aktuelle Umfragen nennen Zahlen zwischen 65 % und 70 %; in den alten Bundesländern liegen die Zahlen höher, in den neuen niedriger.

Allgemeine Abkürzungen

A: Alle

DgL: *Rolf Krenzer:* Das große Liederbuch. 135 religiöse Lieder für Kindergarten, Schule und Gottesdienst. Limburg (Lahn) ^{3}1993

EH: Erdentöne – Himmelsklang. Neue geistliche Lieder. Hrsg. v. der Diözese Rottenburg-Stuttgart. Ostfildern 1995

GgS: *Rolf Krenzer:* Gottes guter Segen. Neues großes Liederbuch. 201 religiöse Lieder für Kindergarten, Schule und Gottesdienst. Limburg (Lahn) 1994

GL: Gotteslob. Katholisches Gebet- und Gesangbuch. Hrsg. v. den Bischöfen Deutschlands und Österreichs und der Bistümer Bozen-Brixen und Lüttich

bHal: Halleluja. Lieder auf dem Weg des Glaubens. Hrsg. vom bischöflichen Seelsorgeamt Essen. Essen 1995 (blaue Ausgabe)

gHal: Halleluja. Lieder für den Gottesdienst. Hrsg. v. Bistum Essen. Essen 1983 (grüne Ausgabe)

K: Katechet/-in

L: Gottesdienstleiter/-in (in der Regel ist das der Priester, der Diakon oder ein beauftragter Laie)

LzU: Das Liederbuch zum Umhängen. 100 der schönsten religiösen Kinderlieder. Hrsg. von *Detlev Jöcker*. Münster (Westf.) ^{6}1999

RKl: *Gerhard Krombusch – Ludger Edelkötter:* Weil du mich so magst. Religiöse Kinderlieder. Drensteinfurt ^{2}1989

TG: Troubadour für Gott. Hrsg. v. *Bernward Hofmann.* Würzburg ^{6}1999

VkL: *Detlev Jöcker:* Viele kleine Leute. Die schönsten religiösen Kinderlieder von *Detlev Jöcker.* Münster (Westf.) ^{3}1999.

Wds: Wenn du singst, sing nicht allein. 250 Lieder für Familie, Gemeinde und Schule. Hrsg. v. *Hermann-Josef Fritsch.* Düsseldorf 1990

V: Vortragende/Vortragender

PRAXISHILFEN FÜR GOTTESDIENST UND GEMEINDEARBEIT

Getauft - und dann?
Gottesdienste mit Kindern und Jugendlichen auf ihrem Glaubensweg
Werkbuch – Hrsg.: Liturgische Institute Salzburg, Trier, Luzern
264 Seiten, gebunden
ISBN 3-451-27780-8
Getauft werden sie meistens noch. Aber viele Kinder und Jugendliche machen in ihren Elternhäusern dann nur noch wenige Erfahrungen gelebten Glaubens. Angesichts dieser Notlage haben Mitarbeiter der deutschsprachigen Liturgischen Institute in der Gemeindepraxis Gottesdienstformen entwickelt, die Kinder und Jugendliche auf ihrem Lebensweg begleiten.

Gerlinde Lohmann
Kindergottesdienste
Mit Symbolen den Glauben feiern
Reihe: gemeinde leben,
herausgegeben von Klaus Vellguth
80 Seiten, Paperback
ISBN 3-451-28972-5
Gegenstände aus dem Kindergarten- und Grundschulalltag begleiten die Kinder als Symbole in sieben Gottesdiensten. Mit Kopiervorlagen, Liedvorschlägen und Umsetzungsideen. Angaben zum theologischen Kontext, die religionspädagogische Verortung und das benötigte Material machen die Vorschläge komplett.

Beate Brielmaier
Kinderbibeltage
Neue Wege zu wichtigen Geschichten
Reihe: gemeinde leben,
herausgegeben von Klaus Vellguth
80 Seiten, Paperback
ISBN 3-451-28971-7
Detailliert ausgearbeitete Modelle bieten konkrete Anregungen für einen Kinderbibeltag im Rahmen der Erstkommunionvorbereitung, mehrtägige Einheiten für Ferienprogramme, Freizeiten, katechetische Gruppen und Projekttage im schulischen Religionsunterricht.

Diana Güntner
Segensfeiern mit Kindern
Vorschläge für Kindergarten und Gemeinde
192 Seiten, Paperback
ISBN 3-451-28588-6
Segenstexte und Segensfeiern speziell für Kinder. Diana Güntner bietet zum einen Feiern im Jahreskreis mit einem Schwerpunkt in der Osterzeit. Zum anderen werden auch biographische Ereignisse aus dem Leben der Kinder zum Anlass einer Segnung. Ein inspirierendes Buch, das all jene schätzen werden, die Kinder unter den besonderen Schutz Gottes stellen möchten.